Ricky Medeiros

Un viaje hacia la luz

Ricky Medeiros

Un viaje hacia la luz

Descubre un testimonio de fe, esperanza, amor y redención

alamah ESPIRITUALIDAD

Título original: *A Passagem,* © 2003, Ricky Medeiros

alamah

De esta edición:
D. R. © Santillana Ediciones Generales, S.A. de C.V., 2004.
Av. Universidad 767, Col. del Valle
México, 03100, D.F. Teléfono (52 55) 54 20 75 30
www.alamah.com.mx

Distribuidora y Editora Aguilar, Altea, Taurus, Alfaguara, S. A.
Calle 80 Núm. 10-23, Santafé de Bogotá, Colombia.
• Santillana Ediciones Generales, S. L.
Torrelaguna 60-28043, Madrid, España.
• Santillana S. A.
Av. San Felipe 731, Lima, Perú.
• Editorial Santillana S. A.
Av. Rómulo Gallegos, Edif. Zulia 1er. piso
• Boleita Nte., 1071, Caracas, Venezuela.
Editorial Santillana Inc.
P.O. Box 19-5462 Hato Rey, 00919, San Juan, Puerto Rico.
• Santillana Publishing Company Inc.
2043 N. W. 87 th Avenue, 33172. Miami, Fl., E. U. A.
Ediciones Santillana S. A. (ROU)
Cristóbal Echevarriarza 3535, Montevideo, Uruguay.
• Aguilar, Altea, Taurus, Alfaguara, S. A.
Beazley 3860, 1437, Buenos Aires, Argentina.
• Aguilar Chilena de Ediciones Ltda.
Dr. Aníbal Ariztía 1444, Providencia, Santiago de Chile.
• Santillana de Costa Rica, S. A.
La Uruca, 100 mts.Oeste de Migración y Extranjería, San José, Costa Rica.
•

Primera edición: marzo de 2004.
ISBN: 968-19-1324-8
Diseño de colección: ideograma (www.ideograma.com.mx), 2001.
Traducción: José Miguel Moreno
D. R. © Diseño de cubierta: Antonio Ruano Gómez
Diseño de interiores: Times Editores, S.A. de C.V.
Impreso en México

El cuerpo muere pero el espíritu es eterno. La vida continúa. ¿Cómo y dónde? ¿Qué pasa después?

Quien responde a estas preguntas es Bob, un espíritu que está en el otro lado esperando a los que vuelven de la Tierra para ayudarlos en la transición. Ejerce la compasión, aclara, y aguarda que cada uno pueda situarse en la nueva vida y encontrar su propio camino.

Son los guardianes de luz. Hay muchos espíritus como él, y tú al desencarnarte tendrás que pasar por uno de ellos, que te acompañará en tus pasos durante cierto tiempo, incluso si te reencuentras con tus entes queridos.

Es el amor divino que te garantiza protección y restablece el equilibrio.

En las historias que Bob cuenta en este libro, puede ser que te identifiques con las experiencias de los personajes, que encuentres respuestas a tus indagaciones respecto de la vida y descubras que la verdadera felicidad está en el reconocimiento de los valores eternos del espíritu.

Zibia Gasparetto

Índice

Índice Índice Índice Índice

Dedicatoria

Dedicatoria

Dedicatoria

La dedicatoria de un libro es muy importante para el escritor. Éste es el primero de mi autoría y pensé mucho en las personas a quienes se lo dedicaría.

En la introducción ustedes leerán la historia de mi hermano Joseph Robert Medeiros, que ya no está en las vibraciones de la Tierra. Hoy vive en las altas esferas espirituales, pero sin él este libro no habría sido escrito. Por eso se lo dedico.

Debo reconocer que he encontrado también, por los caminos de la vida, otras personas sin las cuales este libro no se habría escrito ni publicado.

A mi esposa Sonia, que perdió muchos fines de semana mientras escribía y aguantó mis arrebatos y mi inseguridad. Ella me trajo a Fernanda y Juliana. Si Joe es una luz espiritual, ellas tres son las luces terrenales.

A mi madre Louise, a mi hermana Cara y a mi otro hermano, Billy, que me acompañan en este viaje terrenal; y a mi padre, que ahora lo hace en el otro mundo.

A Zilda Couvre Deramo, a Sonia Martinelli y a Denise.

A Marcia Fernandes, que creyó en mí y llevó los originales a mi editora, Zibia Gasparetto.

También quiero agradecer a Silvio Santos, un amigo, y a veces más que un amigo.

Este libro no tiene la pretensión de ser una obra maestra, pero tiene, desde su primera página, la intención de aclarar, ayudar e iluminar a todos nosotros en esta jornada del alma que llamamos "vida".

Lo dedico a todas las almas que están juntas en la aventura de la Tierra.

Introducción

No soy adivino, vidente o profeta. Ningún arbusto llameante crece en mi jardín. A pesar de todo, sé que este libro fue inspirado y escrito con la ayuda de aquellos que viven en donde nosotros solemos llamar "el otro lado".

Yo no lo afirmo. Cinco médiums (o "sensitivos", como está de moda llamarlos hoy en día) lo hicieron.

Ninguno de ellos se conocía, nunca se habían encontrado. Cada uno tenía su propia forma de hacer revelaciones. Pero todos fueron unánimes en señalarme algo que supe y sentí desde el momento en que empecé a escribir este libro: ¡alguien me guiaba, y sabía quién era!

Cuando yo tenía más o menos veinte años, un auto atropelló a mi hermano menor y lo mató.

Algunos años antes, cuando estaba en la adolescencia, empecé a interesarme por la vida más allá de la muerte. Mientras los jóvenes de mi edad sólo pensaban en jugar al fútbol o ligar, yo leía a Lobsang Rampa, Hans Holzer y Allan Kardec.

Por eso, cuando mi hermano pasó al otro lado, me pareció la cosa más natural del mundo buscar un centro espiritista, para intentar descubrir si todo lo que había leído era verdad.

Fui al Centro Espiritista de Siracusa, una ciudad en el interior del estado de Nueva York, en Estados Unidos.

La médium de esa iglesia era una mujer llamada Margaret Tice. Problablemente, ella es la médium más honesta y dotada que he encontrado en mi vida. Sin haberme visto nunca, y ajena a cualquier hecho relacionado conmigo, me dijo:

—Un niño de unos doce o trece años de edad... recién desencarnado... lo veo atropellado por un auto... Dice que es tu hermano, y que su nombre es Joseph...

A partir de ese día, durante varios meses, acudí casi todos los miércoles al Centro de la médium Margaret. Mi madre, que al principio no creía en estas cosas, iba conmigo.

Una noche, la médium le pidió a mi madre que buscara a un amigo de mi hermano Joe, "el joven de largos cabellos rubios". Dijo que mi hermano le había contado a ese amigo el sueño que tuvo pocas semanas antes del accidente. La médium advirtió que Joe quería que mi madre buscara a ese niño, y le preguntara por el sueño.

Joe sólo tenía un amigo de cabellos rubios y largos. Era Kevin. Así que en cuanto volvimos de la iglesia aquella noche, mi madre le llamó por teléfono y le pidió que viniera a casa al día siguiente.

Kevin acudió, y mi madre le preguntó lo que sabía respecto al sueño de Joe.

El niño se quedó sorprendido. Por algunos segundos, simplemente no logró pronunciar una palabra.

En silencio, Kevin se sentó en una de las sillas de nuestra sala de estar. Al cabo de un rato, por fin respondió. Dijo que Joe le contó el sueño que tuvo dos meses antes del accidente.

—Dijo que había tenido una pesadilla. Soñó que era atropellado por un camión y que estaba muerto. Se despertó a las cuatro de la madrugada, con sudor frío y asustado.

El niño de los "largos cabellos rubios" empezó entonces a llorar. Cuando se calmó, continuó:

—Cuando Joe me contó ese sueño, me dijo que creía que iba a morir muy pronto... ¡y murió!

Otro miércoles, durante una sesión, la médium Margaret previno a mi madre que Joe se le aparecería y que así no quedaría ni una sombra de duda respecto a la existencia de su alma, de su espíritu o como quiera que llamemos a esa parte que sobrevive al cuerpo después de este breve paso por la Tierra.

—Igual que sucede con todos nosotros —agregó la médium.

De hecho, dos semanas después, se presentó. Tal y como la médium había dicho, con su aparición no dejaba ninguna duda respecto de su existencia.

Hacía frío y nevaba mucho aquel viernes de enero, cuando mi madre se preparaba para ir a dormir. Todas las noches dejaba una pequeña vela encendida para Joe. La llama de la vela brillaba en la oscuridad de la noche. Mi padre roncaba con fuerza al otro lado de la cama; mi hermana había ido a dormir a casa de una amiga, al igual que mi otro hermano. Por aquel entonces, yo cursaba el segundo año en la Universidad de Siracusa; llegué a casa más o menos a la medianoche y encontré a todo el mundo durmiendo.

Casi a las seis de la mañana, un zumbido fuerte y constante despertó a mi madre. La vela que a las once y media de la noche casi se había extinguido, ahora iluminaba totalmente el cuarto.

Vivíamos en una casa de dos pisos, cuyos cuartos quedaban en el piso de arriba. Mi madre se despertó a causa de un barullo de pasos que subían las escaleras. Unos segundos después, escuchó de nuevo el barullo de pasos que bajaban por dicho acceso. Era muy nítido. Ella notó la diferencia del sonido entre los pasos en la madera de los escalones y sobre la alfombra, en el piso de abajo.

Mi madre se levantó y fue a echar un vistazo para ver si había alguien allí abajo. Mi padre seguía roncando y yo dormía profundamente en mi cuarto.

Ella llegó a la sala de estar y de pronto sintió una "fuerza" que la empujaba hacia el piso de arriba, donde también estaba el cuarto de Joe. Desde su muerte, algunos meses atrás, ella no había vuelto a entrar ahí.

Encima de la escalera había un pequeño cubículo. Como él sólo tenía doce años, era normal que se fuera a la cama a eso de las nueve y media de la noche, pero eso casi nunca ocurría. Con frecuencia se quedaba en el pequeño cubículo, que se había convertido en su escondrijo; leía cómics, oía la radio y hablaba con su amigo Kevin a través de una radio de aficionado. Por supuesto, Joseph no era un santo (y a propósito, ¡todavía no lo es!)

Al final, mi madre decidió abrir la pequeña puerta del cuarto de Joe cuando un lápiz negro cayó del batiente. Miró para arriba y vio escritas en las paredes estas palabras:

Amo a mi madre, amo a mi padre
no estén tristes y no lloren por mí.

Joe

Ella se quedó pasmada. Mi padre la oyó gritar y corrió para ver qué había sucedido. Él también vio lo que estaba escrito.

—¡No puede ser! ¡Estuve en este cuarto hace unos días y no había nada escrito en la pared! —dijo él.

Cuando al fin me desperté, fui hasta el cuarto. Yo también había estado allí algunos días antes y puedo asegurar que no había nada escrito en aquella pared.

Aquél fue uno de los primeros mensajes de Joe. Este libro, que no habría sido escrito sin su ayuda, es otro.

Una noche, pocos meses después de este suceso, la médium Margaret sonrió y nos dijo que por fin ella lo había entendido.

—¿Qué entendió? —pregunté.

—La primera vez que visitaron nuestro Centro, hace casi un año, me quedé confusa y sorprendida. Siempre pensé que un espíritu que pasaba al otro lado necesitaba de mucho más tiempo del que tuvo Joe para manifestarse y comunicarse con nuestro mundo. Con él no fue así. Ahora puedo darme cuenta de que él es un espíritu evolucionado. Está en un plano superior y regresó a esta esfera para vivir sólo doce años. Vino para realizar una misión y esa misión terminó. Qué misión es ésa, no lo sé, pero sé que se fue porque su tiempo en esta esfera había terminado.

Ahora, más de veinticinco años después, estoy viviendo en Sao Paulo, Brasil. Debido a la muerte de Joe y de todo lo que ocurrió después, he estudiado la continuidad de la vida después de la muerte, la comunicación con los espíritus.

Una vez una médium me preguntó si estaba escribiendo un libro. Respondí que sí, y añadí que tan sólo era un pasatiempo. La médium me respondió que estaba engañado, que no era un pasatiempo y que un espíritu me guiaba en esa tarea. No le pregunté cuál era el espíritu que me guiaba.

Pocas semanas después, otra médium me advirtió:

—Veo que escribes algo, y que hay una luz muy fuerte guiando tus manos mientras lo haces.

Esta vez pregunté quién era ese guía. Pero la mujer no lo sabía. Me preguntó si tenía algún hermano desencarnado. No le cabía duda de que ese espíritu me estaba iluminando, y que su paso para la otra vida formaba parte de un plan divino.

Hoy sé que, aunque no haya sido Joe el espíritu que me inspiró y escribió este libro, me ayudó en el proceso al despertar mi interés por la espiritualidad. Joe me ofreció varias pruebas de supervivencia; además, puso en mi camino a personas que contribuyeron para que descubriera la verdad.

Sentí ganas de escribir, y de ahí nació este libro. Tal vez ése sea el plan divino.

¿Que si veo a mi guía cuando escribo? Me gustaría.

¿Que si lo oigo mientras escribo? Apenas un tenue y débil susurro.

¿Que si siento su presencia? Sí, la siento.

Hace muchos años, cuando volví a Siracusa, en Nueva York, supe que Joe había enviado varios mensajes a través de la médium Margaret Tice, y algunos hablaban sobre nuestro paso al otro mundo.

Este libro es un mensaje muy simple, pero verdadero. Un mensaje de fe, esperanza, vida, amor y redención.

Mi nombre es Bob

William Shakespeare escribió una vez:

"¿Qué es un nombre? Lo que nosotros llamamos rosa, con otro nombre, tendría el mismo perfume."

Por tanto, si quieres, me puedes llamar Bob. Quién soy no es muy difícil de explicar. En la esfera de tu mundo, algunas veces me nombran "luz". Cuando las personas reencarnadas en la Tierra hacen eso que nosotros aquí llamamos "una rápida visita de vuelta" (es decir, cuando se encuentran entre la vida y la muerte), algunas aseguran haber visto una luz. ¿Y sabes una cosa? ¡Ésa es la descripción exacta!

La luz que reconforta, orienta, purifica y protege. Es la luz que le espera a cada uno cuando regresa de la Tierra, cuando sobrepasa el otro lado del portón, este lado que nosotros llamamos muerte. ¡Qué nombre tan desagradable es éste —muerte! Prefiero llamarlo llegada pero, como Shaskespeare cuestionó, ¿qué es un nombre?

Bien, yo soy eso... ¡La luz! Y no soy el único. Todos nosotros tenemos la misma misión, y eso es muy complicado...

No somos simplemente un enjambre de místicas luciérnagas que dicen:

—Eh, vengan con nosotros a la salvación y la redención.

Al contrario, estamos aquí para acoger, enseñar y explicar. Tal es la misión que desempeñamos en este estadio de nuestra evolución. Y la cumplimos no sólo para ayudar, sino también para aprender de aquellos a quienes ayudamos, ¡como tú!

En resumen, mi tarea consiste tanto en enseñar como en aprender. Mi tarea es mostrar y encontrar el camino. Mi tarea es guiar y pedir ser guiado.

Este libro forma parte también de dicha tarea y, si estás preparado, vamos a ver lo que te espera cuando estés en el límite de la esfera terrestre, dispuesto a atravesar el portón que te lleve a la otra vida.

Pero no es ésta la única razón por la que escribí este libro (no tengo la ambición de estar en la lista de los diez más vendidos).

Quiero mostrarles la verdad que se esconde en este otro lado del portón y, al mismo tiempo, ayudarles a entender lo que es la vida en el lado en el que están ahora. Porque es en ese lado donde reina el desasosiego, el sufrimiento, la desesperanza.

Tú te encuentras ahora en la esfera terrenal y existe una razón. Estás en la Tierra para aprender, crecer y descubrir la divinidad luminosa que existe en cada alma humana. Tú estás en el lugar donde yo estuve muchas veces, hace muchos años, para superar y sacar provecho del dolor, del sufrimiento, de las aflicciones, tristezas y amarguras que ofrecen las densas vibraciones de la Tierra. La Tierra existe porque es una escuela, y ustedes son los alumnos. Literalmente, estás en la Tierra para aprender de tus errores y triunfos.

Confieso que he vivido en la Tierra muchas veces. Mi última encarnación fue hace algunos años. En realidad no importa cuándo, lo que importa es que fue mi vida, porque no existe ninguna vida irrelevante.

Nadie tiene una vida intrascendente; todos nosotros estamos conectados los unos con los otros. Repartimos la misma luz; somos una parte del mismo creador. Ésta es una lección que muchos habitantes del plano terrenal todavía no han aprendido.

Mi última encarnación en la Tierra fue en los Estados Unidos de América, en el estado de Kansas.

Vivía en una hacienda. Después de que murieran mis padres, me quedé solo. No tenía hermanos ni hermanas. Llevaba una vida muy solitaria, pero esa elección la hice yo mismo, mucho antes de nacer. Fue una existencia en la que tuve la oportunidad de observar y entender las verdades que puede ofrecer la Tierra: el ciclo de la vida, el curso natural de los acontecimientos y la relación de todos los seres vivos.

Lejos de cualquier ciudad, de cualquier poblado, vivía en unos pocos acres de tierra, donde disfrutaba de las plantaciones que cultivaba y la compañía de los animales bajo mi crianza.

Físicamente, medía más o menos un metro ochenta de altura, era un poco gordo y, cuando desencarné, tenía una abundante caballera ondulada, aunque bien encanecida.

Trabajaba en el campo y ganaba lo suficiente para pagar los pocos gastos que tenía. Me alimentaba con lo que plantaba y con los intercambios que hacía con los vecinos. Cuando atravesé el portón que me trajo a este lado, tenía setenta y cinco años.

Cuando llegué a casa vi, con ayuda de la "luz", los objetivos que yo mismo escogí antes de encarnarme. Y ahora, de regreso, veo lo que realmente hice. En la Tierra, algunas religiones le llaman a esto "juicio final". Sólo que no es Dios quien nos juzga. Nos juzgamos nosotros mismos.

Realicé un recuento de mi encarnación en Kansas; de tal forma, pude mirar hasta el fondo de mi alma. Orientado cariñosamente por mis espíritus mentores, pude captar todas las vidas que había tenido hasta entonces. Como en el cine, las escenas de todas esas vidas pasaron delante de mí. Con claridad, observé triunfos, tristezas, fuerzas y flaquezas.

Llevo aquí ya algún tiempo. Al contrario de un mito muy popular en la Tierra, no me quedé sentado en una nube blanca y fofa, escuchando cantar a los ángeles. Recibo a los espíritus de la Tierra cuando llegan aquí por primera vez y, después de un tiempo, los ayudo a transitar los caminos de las elecciones y decisiones sin fin.

Ahora voy a contar algunas historias de espíritus que encontré. Por medio de sus experiencias, podrás hallar algunos significados nuevos para tu propia vida. Sé que la vida en la Tierra puede parecer frívola y sin esperanzas, porque cuando estamos encarnados nos olvidamos de dónde venimos, para dónde vamos y parte de lo que somos.

Todos los espíritus necesitan encontrar una forma propia, y su propia hora, para descubrir el camino que los libere de las frivolidades y desesperanzas de la vida.

La escuela de la vida no es fácil. Sus aulas están impregnadas de vibraciones negativas que la humanidad creó en el curso de los tiempos, y que incitan a la flaqueza. Sus senderos están salpicados de muchas tentaciones, envidias, privaciones, tristezas, odios, rencores, disgustos y sufrimientos. Todo esto nos obliga a modificar nuestras actitudes si es que queremos vivir bien y encontrar la paz.

Sólo cuando dejamos esos sentimientos atrás, la luz divina que florece en el alma de todo ser humano se manifiesta y nos sentimos unidos al creador.

Bien, si les dijera que mi alma está en perfecta armonía con Dios y el universo, estaría mintiendo.

Todavía estoy muy lejos de convertirme en un espíritu elevado. Existen muchos misterios que debo develar, y muchas cualidades por conquistar, a pesar de que, en este momento, he obtenido un nivel de sabiduría que me permite ayudar a las personas. Eso es lo que deseo hacer. Ayudándote a ti, estaré ayudándome a mí mismo.

Necesitamos ayudarnos los unos a los otros. No puede haber perfección y armonía en la creación de Dios si todos nosotros no formamos parte de un todo. La luz divina de nuestras almas necesita crecer como una sola luz. No podrá haber armonía si una sola alma humana queda a un lado.

Lo que antes fue algo único no volverá a serlo de nuevo en caso de faltar alguien.

Por tanto, me siento en el portón y recibo a los nuevos viajeros que llegan. Mi espíritu necesita de empatía y compasión. Éste es el motivo por el que me encuentro aquí. ¿Existe acaso una forma mejor para desarrollar esas cualidades que ayudando a quienes están perdidos, confundidos y perturbados?

Antes de empezar juntos esta jornada, hay algunas cosas que necesitas saber.

La primera y más importante: el hecho de que esté muerto no me hace un santo. Tampoco tengo todas las respuestas. Vamos a decir que estoy más iluminado de lo que estás tú en este momento, porque miro las cosas desde un ángulo distinto. Sólo soy un alma humana, como tú. Sólo eso.

Segundo: no soy muy bueno para las fechas, sabes... la suma de días, meses y años. Es un poco diferente aquí. Por ejemplo: ¿qué tiene que ver el año de 1865 con la eternidad?

Tercero: mientras leas, deja de lado tus creencias y juicios terrenales. Trata sólo de ver la verdad a través de las creencias particulares. La mayoría de las religiones, culturas y tradiciones del mundo tienen su noción de lo verdadero. Dios dispuso la verdad; el hombre, el contrasentido. Este último representa la tentativa del hombre de lidiar con las cosas que no comprende.

En mi caso, perdí un buen tiempo meditando sobre aquello de lo que debería escribir y cómo quería que fuese dicho. Vas a encontrar aquí cuatro espíritus diferentes, y a través de la jornada de sus vidas espero que comprendas alguna cosa sobre tu propia vida. Escogí contar la historia de personas comunes, con la esperanza de que llegues a identificarte con ellas.

Siempre me divertí con algunas personas que dicen creer en la reencarnación. Todas ellas son unánimes al afirmar que en una vida anterior fueron reyes o reinas, o bien, que formaron parte de la corte de Cleopatra. En nuestras historias vas a encontrar al rico y al pobre, al poderoso y al humilde. Espíritus exactamente como tú lo eres.

En varios fragmentos, entre las historias que voy a contar, hablaré contigo directamente. Es un intento por convertir este libro en una obra interactiva, término que está de moda en la Tierra.

Precisamente, porque esa interactividad no puede ocurrir en la realidad (a propósito, gran parte de esas bobadas que te quieren hacer tragar no es interactividad), aprovecharé las conversaciones que tuve con un joven espíritu. Lo conocí hace algunos años y sus palabras están grabadas en mi memoria.

Ese espíritu se encuentra ahora en una nueva esfera pero, cuando lo conocí, tenía muchas preguntas. Algunas pueden ser muy parecidas a las tuyas. El nombre de este espíritu era Maryanne. Yo le aclaré muchas dudas y, a cambio, ella llenó un gran vacío en mi alma. Tú la vas a conocer dentro de poco.

Pero sigamos adelante. Aquí la esperanza es que lo difícil se vuelva simple, que lo misterioso se convierta en claridad, y lo confuso resulte obvio.

Que Dios te bendiga, ahora que empiezas esta nueva jornada.

Borunda Ni

Lo que queda de la tribu africana de los yoruba vive ahora en la actual Nigeria. Los yoruba son un pueblo antiguo y místico. Muchos de sus descendientes habitan en algunos lugares de América del Sur y del Caribe.

Despojados de las chozas de sus aldeas y arrojados a las cubiertas de barcos malolientes cual vil ganado, llegaron al Nuevo Mundo como esclavos. Sin pasado ni esperanza en el futuro, pisaron este continente con la religión en su corazón.

Pasaron siglos, pero su creencia en lo sobrenatural sobrevivió. A su religión la llaman santería, la religión de los santos. En Brasil, América Central y el Caribe, dondequiera que los yoruba sufrieron los latigazos de la esclavitud, la santería y sus variaciones rituales siguen vigentes.

Los yoruba creen en el poder de siete divinidades, y cada divinidad gobierna un aspecto distinto de la vida de una persona. Depositan una gran fe en el poder del mundo espiritual, y por medio de un elaborado y colorido ritual llaman a los espíritus para que intervengan en la vida terrestre.

Borunda Ni pertenece a esa tribu y es el supremo sacerdote de la religión yoruba. Vive en un remoto pueblo enclavado en un lugar del África moderna. La rutina diaria de ese pueblo ha cambiado muy poco, desde que sus antepasados fueron raptados de sus chozas y enviados al Nuevo Mundo.

Borunda Ni no conoció la electricidad, tampoco el agua de las tuberías ni la televisión o los periódicos en su aislada casa tribal.

No obstante, tuvo acceso a las otras esferas: la de la Tierra y la del espíritu. Algunos pueden creerle salvaje, y otros, acudir a la televisión a pedir donativos con el fin de salvar su alma ignorante. Empero, su historia nos mostrará la forma real como se salvan las almas.

Borunda Ni regresó al mundo astral en 1970. Yo lo esperaba, para ser su luz y saludarlo cuando cruzara la línea entre los dos mundos.

Como es mi costumbre, antes de que un espíritu haga la rápida —y casi siempre imperceptible— transición de la esfera terrestre a la otra, intento conocer su vida.

Echaba una ojeada a su expediente del mismo modo que un profesor analiza el boletín escolar de un alumno. (A ese informe de la vida puedes denominarlo de la manera que gustes: Archivo Akásico, donde queda registrado minuciosamente todo lo que sucede día a día, o Libro de la Vida; son la misma cosa.)

¿Recuerdas las historias que hablan de los ángeles de la guarda? En todas las religiones encontramos alguna mención al respecto: que existe un gran libro en el que el ángel anota todas las buenas acciones en tinta dorada y las acciones no tan buenas en tinta negra. Este expediente es más o menos eso. Salvo que yo tengo frente a mis ojos todas las vidas que el alma recorrió, desde el origen de los tiempos.

A propósito, los ángeles de la guarda sí existen. Pero olvídate del revoloteo de alas blancas, y olvida también las arpas.

Pues bien, como estaba diciendo, eché una ojeada al expediente de Borunda y vi que sus horas en la Tierra estaban llegando a su fin, lentamente y sin sufrimiento. Quería estar preparado para cuando llegara su momento, porque no sucedería ni un minuto antes ni un minuto después. Siempre es así.

Su muerte fue sin dolor. Murió simplemente de vejez. Su alma abandonó un cuerpo exhausto y desgastado. Su esposa, hijos y nietos se hallaban a su alrededor en su morada, acompañándolo cuando se desligó de la vida en la Tierra para entrar en la vida espiritual. Su muerte fue tranquila, sin resistencia y bonita.

Yo también estaba allí. Algunas veces, para facilitar el paso del espíritu para este lado, nosotros creamos un escenario adecuado a lo que la persona espera encontrar. Con Borunda, esa transición fue fácil, pues sus creencias estaban muy cerca de la verdad.

Cuando llegó la hora, se despertó de un sueño profundo y se encontró a sí mismo en la cabaña de un poblado, exactamente igual que el que había dejado algunos segundos antes. Parpadearon sus ojos y miró al techo de paja de la cabaña. Al cabo de unos instantes, miró a su alrededor.

Todo parecía ser exactamente como cabía esperar: la lanza, las máscaras, los arcos, las pieles. Todas las cosas habituales permanecían en su lugar.

Entré al sitio. Si quiero, puedo aparecer de forma dramática, pero en aquel caso no había necesidad de montar un espectáculo. Fui hasta donde estaba y me arrodillé a su lado.

—Hola, Borunda, bienvenido seas de vuelta —dije.

Él se cambió de lado y apoyó la cabeza en la mano. Dijo mirándome:

—¿No te conozco y vienes diciendo que bienvenido de vuelta? ¡Aquí en mi casa! Estoy en ella. ¿Quién eres?

—Borunda, ven conmigo. Echemos un vistazo afuera.

Señalé con mi mano la entrada de la cabaña, desde donde podríamos ver el centro de la aldea.

—Vamos, por favor.

Borunda, un hombre delgado y alto, se levantó y caminó hasta la entrada de la cabaña. En ese recorrido, fue observando cada detalle de la cabaña y se dio cuenta de que algo estaba fuera de lugar en este mundo familiar. Me habría gustado ayudarle a abrir las puertas, pero me habría tenido que proporcionar las llaves.

Borunda miró al centro de la aldea seca y polvorienta. Vio bajo el inmenso cielo azul y blanco a un niño desnudo, corriendo y riendo delante de su madre, que bajaba por un sendero de tierra.

El niño saltaba de alegría, intentado agarrar las mariposas de colores que revoloteaban por todos lados.

Borunda sonrió y dijo:

—Entonces es esto, ¿no? Ésta es mi pequeña aldea en un caluroso día de verano hace muchos años, y aquella mujer es mi madre.

Miró al cielo, las montañas y los árboles. Escuchó el canto de las aves, vibrante y prístino, en la más perfecta armonía, y los ruidos del bosque, como nunca antes los había apreciado.

Borunda se volvió hacia mí, y nuestros ojos se encontraron. En voz baja, casi en un susurro, hizo una pregunta cuya respuesta él ya sabía:

—Si aquel niño soy yo, y ésa es mi pequeña aldea, entonces, ¿quién soy realmente? ¿Dónde estamos ahora? ¿Regresé al lugar donde viven los espíritus? Si fuera así, ¿cuál es mi sitio? ¿Para dónde voy?

—Bienvenido de vuelta —repetí—. Sí, llegaste al lugar donde viven los espíritus, el lugar donde la jornada de nuestra vida empieza y termina. Ésta es tu verdadera casa, el lugar donde se toma conciencia de la verdad.

Él entendió. En la vibración de la Tierra, los yoruba tienen conocimientos de los espíritus y saben de sus poderes. No saben todo pero sí lo necesario, y tienen alguna idea sobre la reencarnación.

Borunda Ni seguía las creencias de los yoruba, y debido a eso, su progreso aquí sería más fácil y rápido. Sabía que había dejado atrás, en la Tierra, su cuerpo físico, sus hijos, hijas, nietos y esposa. Ahora, junto a él, estaba su madre, que "volvió a casa" cuando Borunda era sólo un adolescente; su padre, que dejó la Tierra cuando luchaba en un ataque contra la tribu vecina; y un hijo que había muerto de fiebre amarilla.

Borunda se abrazó a ellos y una suave aura blanca se desprendió de sus cuerpos y los envolvió. Eran energías reconfortantes que le daban la bienvenida al lugar.

—Llegaste a este lugar para descansar, hijo mío —dijo su madre y lo abrazó con su luz. Él la encontró tal como la recordaba, salvo que ahora se veía más joven y no estaba maltratada por la edad, las dolencias o la vida.

A su hijo, que había muerto con tres años de edad y a pesar de que ahora sería un adolescente, lo vio como a un niño, tal y como se acordaba de él.

Poco después, cuando se terminaron todas las lágrimas de la reunión, Borunda se volvió hacia mí y me preguntó:

—Conozco a todos los que están aquí. Pero, ¿quién eres tú? ¿Eres mi guía?

La religión yoruba dice que todos nosotros tenemos un espíritu guía, que nos ayuda y protege a lo largo de la vida. Guías, ángeles de la guarda, protectores... es sorprendente el número de verdades que las religiones terrenales y hasta el folclore tienen en común.

—No, no soy tu guía. Ya lo conocerás más tarde. Mi tarea es ayudarte a dejar el pasado atrás, mostrarte el presente y prepararte para el futuro.

Él asintió con la cabeza. Su jornada iba a ser muy fácil. Había oído sobre el camino y aun en la Tierra vislumbró rápidamente su destino.

Ahora, sin embargo, era el momento de descansar.

La ciudad de Los Ángeles, en California, es como una fotografía en blanco y negro. Desde el aspecto blanquecino de sus edificios de edad indefinible hasta el asfalto negro de sus calles y autopistas, es una ciudad sin particularidades, sabor o personalidad.

Fui hasta allí a causa de Maryanne. Llegué con ella una mañana calurosa y húmeda, en un barrio pobre. Era una niña negra de quince años. Cuando la vi por primera vez, iba vestida con los colores verde y rojo propios de una pandilla callejera de su barrio.

Aquel día habría una guerra, en una esquina cualquiera de esa ciudad en blanco y negro. Como en la mayoría de las guerras, la lucha sería para definir las fronteras, el imperio y el poder. La pelea de aquella mañana enfrentaría a los colores verde y rojo, de Maryanne, con los colores azul y blanco de otra banda.

El premio: controlar una calle y tener la honra de vender los venenos que las personas se inyectan en su cuerpo, fuman o esnifan. En aquel día de guerra, Maryanne estaba en el lugar equivocado.

La bala de un revólver de cincuenta dólares, adquirido en un antro del barrio, la hirió en sus pulmones. Ella se ahogó con su propia sangre.

Yo estaba allí cuando la bala alcanzó su objetivo, poniendo fin a una breve vida en este planeta. Pero ella ni siquiera supo de mi presencia. En su caso, no había una luz al final del largo túnel. Su muerte fue, además de violenta, rápida e inesperada. La bala, con la velocidad de la luz, segó una vida de quince años y no le dio tiempo para prepararse. No hubo aviso previo. El espíritu, simplemente, ignoró la muerte de su cuerpo.

Aunque su cuerpo murió, el espíritu de Maryanne seguía vivo en la Tierra, sin saber que ella había pasado a otra esfera y a una vibración distinta. Se quedó frustrada y llena de rabia porque su madre ignoraba su existencia, no la veía ni conversaba con ella; sus hermanos y hermanas hacían lo mismo, y los amigos de su banda hablaban de ella como algo pasado.

La Maryanne terrenal ya no existía, y la Maryanne espíritu todavía no sabía que su cuerpo estaba muerto. Ella seguía viva.

Vagando por el asfalto negro de aquella ciudad en blanco y negro, Maryanne buscaba con desesperación una reconexión con la vida terrenal. Todos los días corría alocadamente de su casa hasta la calle y los callejones familiares. Después regresaba a casa y corría de nuevo hasta el territorio de su banda. Conocía la rutina de su vecindario, los árboles, las casas y los edificios abandonados que hacen vacío y decadente el centro de Los Ángeles.

Conocía a las personas y observaba cómo vivían cada día de sus vidas. Su madre, que rezaba por una hija muerta, sus hermanos, que iban y venían de la escuela, sus amigos bebiendo, drogándose y haciendo fiestas. Nada había cambiado, salvo que ella ya no formaba parte de todo aquello.

Yo estaba con ella en esa jornada que parecía un ping-pong de locos. De un lado para el otro, sin descansar un solo minuto, buscaba, sin descanso ni alivio, de manera infructuosa.

Ella no me podía ver. Su espíritu todavía era presa de las vibraciones de la Tierra. Deseaba ser parte de aquello que había dejado atrás. Aún no se preguntaba dónde estaba y por qué.

No había nada que yo pudiera hacer, salvo estar con ella mientras deambulaba por la ciudad en blanco y negro, y enviar vibraciones de amparo para despertarla por fin.

Una vida corriente en una pequeña ciudad llamada Jessup, en el estado de Pensilvania. Una vida que muchos describirían como mediocre y otros sin razón de ser. Clara Paolucci se despertaba sistemáticamente a las siete de la mañana, de lunes a viernes, para tomar el autobús a las ocho, que la trasladaría a su trabajo. Sus labores comenzaban a las ocho y media, en el edificio sucio y grisáceo de una fábrica de ropa.

Clara trabajaba con tesón en una máquina; cosía hasta las cuatro de la tarde, hora a la que terminaba su horario. Entonces, volvía a casa en el auto de una de sus compañeras o tomaba el mismo autobús.

Salvo algunas pequeñas excepciones, ésa fue su vida durante más de veinticinco años, desde que su marido murió en las minas de carbón de Pensilvania. Era joven cuando él desencarnó, pero nunca se volvió a casar. Clara tuvo una hija y cuatro nietos que vivían en otro estado.

De este modo, ella se levantaba a las siete, regresaba a casa poco después de las cuatro, cenaba, veía la televisión y se iba a dormir luego de ver el noticiario de las once. Al día siguiente se levantaba de nuevo a las siete, dispuesta a enfrentar otro día común de su vida igualmente común, en aquella pequeña ciudad de Pensilvania.

Pero ella también, al igual que todos nosotros, era un espíritu y, por tanto, su vida no podía ser considerada insignificante, aunque diera esa impresión.

Cuando Clara contaba con sesenta y dos años de edad, tomó el autobús de las ocho de la mañana, pero aquel día no se bajó delante del edificio sucio y gris de la fábrica de ropa. Su destino fue el edificio de la Seguridad Social, donde pidió su pensión de retito.

Con lo que recibía del seguro y con los ahorros que poseía en el banco, Clara Paolucci llevaba una vida confortable de jubilada.

Su mundo se reducía a su sala de estar. Hermanos, hermanas, amigos y nietos iban allí de visita y, cuando se retiraban, ella se echaba en el sofá, pensando en el vacío de su vida.

Clara no era una mujer instruida. Mal que bien había terminado su educación básica pero, como era muy introvertida, pasaba muchas noches en el sofá de su sala de estar, preguntándose los porqués de su vida: qué hubiera sido, qué podría haber sido, qué sería de allí en adelante, etcétera.

Se había comprado un televisor de color marca Motorola Quasar. En 1969 lo consideraban uno de los mejores. Desde su sofá, en su sala de estar, vio al hombre pisar la luna, a los muchachos norteamericanos que murieron por la guerra en un lugar llamado Vietnam, y a agitadores quemar la bandera de su país. Allí, en la pequeña ciudad de Jessup, en Pensilvania, estaba aislada de toda esa locura. La sala de estar se había convertido en su mundo.

En la época en la que se denunció en la televisión el escándalo de Watergate, descubrió un bulto debajo de su brazo derecho. El médico de su ciudad le recomendó a un especialista en Scranton, quien le dijo que tenía un linfosarcoma.

El médico era optimista, porque habían diagnosticado la dolencia en su fase inicial.

—Creo que puedo mantenerlo bajo control —dijo.

Le explicó que el linfosarcoma era un cáncer que se extendía lentamente y que, con la medicación, análisis de sangre mensuales y chequeos periódicos, podría llevar una vida normal por muchos años.

¡De hecho, vivió ocho años más! Durante ese periodo, Clara manifestaba a sus amigos lo agradecida que estaba con Dios y con el presidente Kennedy, que tanto había ayudado a los pensionistas.

Echada en su sofá, en la sala de estar de su mundo, Clara miraba los años que había pasado en este planeta. Pensaba en su vida, en su muerte que se acercaba y también en aquellos que habían muerto antes que ella. Su carácter no era morboso, triste o melodramático pero, cuanto más pensaba, más le parecía una vida vacía. Las piezas no encajaban, el modelo no se cerraba.

Frente a la luz artificial de su televisión, Clara viajaba en el tiempo. Pensaba en su infancia como hija de inmigrantes italianos. Su madre tuvo nueve hijos, una barbaridad. A decir verdad, nunca gozó su infancia. Empezó a trabajar a los ocho años y se casó a los catorce, con un hombre que era veintiún años mayor.

En su cuarto, cuando no le entraba sueño durante la madrugada, se preguntaba:

—A fin de cuentas, ¿qué ha sido mi vida?

Pensaba en su difunto marido. Fue un hombre bueno, decente y honesto. Ahora, después de muchos años, se dio cuenta de que se había casado con él simplemente para salir de la casa de su madre.

Cuando su marido todavía vivía, conoció a Frank, el único hombre al que había amado de verdad. Pero estaba casada y tenía una hija, y en aquella pequeña ciudad de Pensilvania, en medio del periodo de la Gran Depresión, un divorcio o incluso una simple aventura amorosa era ciertamente inconcebible.

Entonces falleció su marido, víctima del polvo de carbón de las minas donde trabajaba. Clara se quedó viuda a los cuarenta años. Su única hija ya estaba casada en aquella época, y ya le había dado un nieto.

Ella estaba, entonces, libre para empezar una nueva vida con Frank. Él se quería casar con ella.

Pero eso no sucedió. Los parientes de él se interpusieron en el camino. Él tenía dinero. Sus parientes no. Las sobrinas y sobrinos no querían perder al tío rico; mucho menos, su lugar en el testamento.

Así fue como Clara siguió con su vida solitaria.

Todas las noches, durante sus últimos ocho años, pensó en los "nuncas" de su vida. A medida que el cáncer propagaba su veneno, ella se resignaba más, no sólo con su vida, sino también con su muerte. Prácticamente al final, cuando ya estaba dando su último suspiro, Clara todavía se preguntaba por qué su vida había sido así de vacía.

Durante la crisis de los rehenes iraníes, Clara hizo su último viaje de Jessup a Scranton. Pero esta vez no fue en el autobús de costumbre. Su hija la llevó en el coche por el mismo camino que recorrió el autobús durante tantos años, pasando por el edificio sucio y gris de la fábrica de ropa donde Clara había trabajado, y la dejó internada en el hospital Mercy de Scranton.

Aquel mismo día, pocas horas después de haber ingresado en el hospital, Clara pasó al otro lado. Su hija, yerno y nietos estaban con ella en el momento que cruzó la línea invisible.

Yo, por supuesto, la esperaba.

Sin embargo, no fui el primero en encontrar a Clara. En el momento en que su cuerpo sucumbió al cáncer, su marido, una hermana, un hermano y su madre estaban de pie, reunidos al lado de su lecho en el hospital. Aguardaban que abandonara su cuerpo. Incluso antes del desligamiento, mientras estaba entre la Tierra y el plano espiritual, Clara los reconoció y supo, de inmediato, que su hora había llegado.

Pero, para ella, el saludo más importante fue el de su nieto Joe. Un automóvil lo atropelló unos años atrás. Ahora el muchacho, de doce años de edad, estaba de pie a un lado de su abuela, aguardándola para guiarla de un mundo al otro.

—¡Hola, abuelita! —dijo él, abrazándola—. Estaba esperando a que llegaras.

La luz del niño era clara y blanca, lo que lo hacía pertenecer a las más altas vibraciones de esta esfera. Su luz reconfortó a Clara. Pero Clara estaba confundida. Tan sólo unos minutos antes se estaba muriendo en el lecho de un hospital, y ahora su nieto, cuya muerte había llorado dolorosamente, la abrazaba.

En definitiva, Clara no sabía cómo lidiar con tal situación: nieto, madre, marido, hermana y hermano. Todos allí reunidos en el cuarto blanco del hospital. Vio a la enfermera que cerraba los ojos de su cuerpo y a su hija que comenzaba a rezar.

—¿Qué están haciendo aquí? Joe, ¿dónde estuviste? ¡Mira, es tu madre la que está allí! Louisa, Louisa, mira, él volvió. ¡Volvió a casa! Ellos estuvieron engañados. Joe, dile a tu madre que estás de vuelta.

Clara empezó a llorar. Su nieto había vuelto de la muerte. Hubo algún equívoco, pero ahora todo el mundo estaba feliz otra vez.

El joven espíritu le sonrió y su luz inundó el cuarto.

—Abuelita, escucha... Mira quién más está aquí. No soy sólo yo. Somos todos nosotros.

Mientras él hablaba, se reunieron alrededor de ella su marido, hermana, hermanos y madre.

—Clara —dijo su marido—, el niño... no fue él quién volvió a casa..., eres tú quien está regresando...

Clara miró a su alrededor y vio que ya no estaba en el cuarto del hospital. Estaba en casa, de vuelta en su pequeña sala de estar, sentada en su sofá con su nieto y su marido. Su hermana y su hermano estaban de pie a un lado del sofá y su madre estaba en el otro costado.

Clara los miró a todos. La sala era la misma que había dejado pocas horas antes. Las cortinas blancas, las paredes beige, el sofá y los sillones grises, las fotos de sus nietos, incluyendo las de Joe, sobre un colorido aparador y el cenicero de Atlantic City en su dorada mesa de café. Todo estaba exactamente en el mismo lugar. Excepto las visitas. Todos ellos habían fallecido años atrás, pero allí estaban en su sala.

Su nieto dijo:

—Vinimos a ayudarte... Nosotros siempre estuvimos a tu lado... De donde tú estás, abuela, hasta aquí sólo hay un paso... Cuando llegué a este lugar, yo también estaba muy confundido... Aquel auto me golpeó con tanta rapidez que me desencarné en un segundo. No sabía dónde me encontraba... Tú no me veías, y llorabas desconsoladamente porque había muerto. ¿Muerto? Estaba a tu lado, pero tú no lograbas verme. Abuela, moriste y viniste aquí. Pero aquí es allí.

La madre de Clara, que no dejaba de asentir, entró en la conversación hablando de manera equivocada, porque era así, exactamente, como Clara esperaba oírla hablar.

—Hola, Clara, tú estás más viva que nunca. Espera y verás, hija.

Yo prestaba atención a todo lo que se decía y creí que había llegado el momento de entrometerme. Hasta entonces había permanecido retirado del grupo en una esquina, desde donde podía escuchar todo sin ser visto.

—Ellos tienen razón, Clara. Dentro de poco vas a descubrir todo eso . Echa un vistazo alrededor, míralos. ¿Te parece que estén muertos? A propósito, Clara, ¿cómo te sientes? El dolor desapareció, la respiración te resulta más fácil... ¿No te sientes un poco más ligera?

Ella se quedó sorprendida al verme, un rostro extraño en medio de su familia.

—¿Quién eres tú? ¿Un médico?

—Bueno... de alguna manera, sí.

Creí que aquél no era el momento apropiado para dar mayores explicaciones. ¿Para qué aumentar su confusión?

—Mi nombre es Bob —añadí.

Clara se encaró conmigo y con los otros por un momento. Por su aura, podía decir que no estaba huyendo de sí misma. Sólo intentaba comprender la nueva situación. Su aura mostraba que se estaba adaptando, y hasta con cierta felicidad.

Conduje a Clara fuera de la sala. Dentro de poco el sol estaría brillando en la esfera terrenal y creí conveniente llevarla a otro lugar por algunos momentos. Sus amigos y parientes encarnados llegarían al rato para dar el pésame a su hija y quería sacar a Clara de aquel lugar. Por supuesto que ella era libre de volver, pero pensé que sería mejor sacarla.

Clara y yo subimos a un pequeño claro de césped verde y suave con frondosos árboles alrededor. Nos encontramos con un lindo y ameno día de verano. Una luz silenciosa y tranquila inundó la pequeña pradera en la que nos hallábamos.

—Qué bonito es aquí, ¿verdad, Clara?

Sé que no fui muy original, pero lo único que buscaba era romper el silencio.

—Entonces es esto. Me morí. ¿Y es aquí donde me voy a quedar? ¿Fui buena o mala? Esto, ¿es el cielo o el infierno?

Bien, esa pregunta no era tampoco nueva ni original. En realidad, ésa es la pregunta que todos hacen cuando llegan aquí. Todos quieren saber si ganaron o perdieron el juego.

Bueno, ahora es el momento de hacer mi discurso, pensé.

—Antes que nada, Clara, quiero que sepas que no estás muerta. Puedes usar esa palabra si quieres. Las personas en la Tierra están acostumbradas a ella, y por el momento vamos a emplearla. Tu cuerpo estaba achacoso y dejó de funcionar. El cuerpo murió, pero tú continúas viva—. Me senté en el césped, y la invité a que hiciera lo mismo. Entonces miré al cielo y seguí hablando.

—Tú estuviste en la Tierra casi setenta años pero, desde que naciste, nunca has estado tan viva como ahora. Lo más importante ahora es creer. Más tarde lo comprenderás.

Percibí su aura, cuyo brillo revela las emociones del espíritu. Imaginé que aceptaba todo lo que le decía. No había ninguna señal de desavenencia o resistencia.

—Escucha, Clara. Tú no estás en el cielo ni en el infierno. Por cierto, el cielo y el infierno sólo son palabras que utilizan las personas, y no existen en ningún lugar determinado. Tanto el cielo como el infierno han generado mucha confusión a lo largo de los años. Sé que tú no eras amiga de ir a la iglesia, pero no te preocupes, porque poco importa. Pero, ¿te acuerdas de lo que dijo Cristo cuando estaba en la Tierra?, que "hay muchas moradas en la casa de mi padre". Bien, ésta es una de esas moradas.

Clara me preguntó si yo era Dios y cómo sabía que ella no acudía mucho a la iglesia.

Reí de inmediato. No sabría decir si ella hablaba en serio o si me estaba tomando el pelo.

—No, no soy Dios, pero todos nosotros somos parte de Él: tú, yo y las almas que vas a encontrar. Esto sirve tanto para todas aquellas que aún están en la Tierra como para las que vas a conocer en otros planos distintos, dentro del universo. No hay un infierno eterno. Dios no condenaría algo que es parte de sí mismo a una pena perpetua y sin remisión. El infierno es la conciencia de aquello que a uno le falta; hace que tú desees toda la belleza y armonía que hay a tu alrededor, aunque no sepas cómo formar parte de ella.

Clara respondió.

—Sé lo que quieres decir. Sentí que durante mi vida en la Tierra me faltaron un puñado de cosas. Viví sola y triste. ¿Era ése el tipo de vida que me estaba reservado?

Sólo existe una manera de responder a una pregunta como ésa: con la verdad.

—Sí —respondí—. Todo lo que pasa tiene una razón de ser. Hay cosas que deben ser así y otras no, pero al final todo encaja, todo adquiere sentido. Dentro de poco te vas a dar cuenta.

Clara me miró y pude ver una pequeña lágrima en su rostro.

—Sentí necesidad de tantas cosas. Siempre quise saber el porqué de todo, la razón de mi vida y lo que ella realmente significaba.

Durante su vida en la Tierra, Clara nunca fue una mujer ávida de dinero o de sexo. Ella no se movía por la ambición del poder o la fama. Sólo quería amor, pero nunca lo tuvo. Ésa fue la lección de su vida. Más adelante volveremos a hablar de ella.

Conversaciones con Maryan

Cada persona se adapta al mundo de los espíritus de un modo distinto, porque somos diferentes. Tan pronto como dejamos nuestros cuerpos y pasamos al otro lado, nos acompañan nuestras experiencias, expectativas y esperanzas porque son parte nuestra.

Recuerdo, y de eso hace ya bastante tiempo, cuando apareció uno de esos predicadores que suelen vociferar sobre los males del infierno. Durante años recorrió las calles polvorientas de provincias remotas, y estuvo en las más aisladas villas y poblados canadienses. Enseñaba su visión de Dios, de la moralidad y de la vida después de la muerte.

Era un hombre bueno. En realidad creía lo que pregonaba. Y también uno de los pocos que ponía en práctica sus propias enseñanzas. Acostumbraba decir a los fieles:

—En la otra vida, Jesús estará allí para recibirnos, sentado en un trono al lado de Dios todopoderoso, con la espada de la justicia en la mano.

Cuando ese predicador llegó aquí por primera vez, ¿qué fue lo que encontró? Un Jesús rubio, de ojos azules, sentado al lado de un severo Dios de cabello blanco, que juzgaba a todos. Con el paso del tiempo, cuando estuvo más preparado, descubrió poco a poco una vida espiritual mucho más rica de lo que se había imaginado.

La llegada de Maryanne aquí fue distinta. Primero, su muerte fue violenta y repentina. Su vida fue arrancada de su cuerpo de manera brusca por un arma adquirida en algún bar. Segundo, Maryanne nunca pensó mucho sobre su vida en la Tierra ni en la vida después de la muerte.

Por eso llegó confundida e irritada por las vibraciones que todavía la unían a la Tierra. Su espíritu estaba aquí pero, al mismo tiempo, se enganchaba cada día a su vida anterior. Algunos llaman a eso purgatorio. De alguna manera, es verdad. El alma se mantiene en la ilusión, no progresa, no está preparada para empezar una nueva vida en el mundo astral.

Estuve a su lado durante ese tiempo. Sin embargo, no me podía ver ni oír. Como dije, sus vibraciones todavía no estaban en sintonía, se ligaba a la esfera terrenal.

El tiempo pasó, pero no como en la Tierra. Por eso no puedo decir si fue mucho o poco, si fueron algunas semanas, meses o años. Aquí el tiempo es como el sonido de un metrónomo, ese aparato que utilizan los músicos para que dicte el ritmo que deben seguir. Es constante y no cambia. Si se pudiera realizar una grabación, el metrónomo sonaría de la misma manera tanto si tocara hacia adelante como atrás. Tic, tic, tic... el sonido constante del metrónomo, el incesante e inmutable sonido del tiempo.

Hasta que un día, Maryanne logró sentir mi presencia. Entonces aparecí. No me presenté como una luz blanca brillante y cegadora, sino como alguien que ella podría encontrarse en cualquier esquina de su antiguo barrio. Yo medía más o menos un metro ochenta de altura, tenía cuarenta y cinco años y era negro. Llevaba una camiseta y jeans rasgados. Físicamente, no me diferenciaba en nada de otros miles de negros que viven en los barrios pobres de Los Ángeles.

Estaba apoyado en un buzón de correos cuando ella dio la vuelta a la esquina y literalmente se tropezó conmigo.

—¡Eh, niña, mira por dónde andas! ¿Para qué tanta prisa? ¡Tú no vas a ningún lado!

Ella no sabía si mandarme al diablo, seguir andando o quedarse allí para ver quién era yo. A fin de cuentas, era la primera persona que hablaba con ella desde que se había desencarnado. Se quedó parada, intentando averiguar.

Me miró con un gesto serio, me observó de pies a cabeza, sus ojos fijos en mí, el único tipo que la había visto, la había escuchado y sabía que ella existía.

—Te pregunté adónde ibas. ¿Por qué tanta prisa?

—¿Quién eres? ¿Te conozco? ¡Nunca antes te vi por aquí!

No era todavía el momento de contarle la verdad a Maryanne. No estaba preparada, así que simplemente respondí:

—La historia es la siguiente: a ti ya te había visto por aquí y creí que era el momento de que charláramos.

Me miró desconfiada e hizo que me preocupara. Pensé que quizá la había asustado. Quería que cuanto antes confiara en mí para así poder hacer mi trabajo.

—Oye, Maryanne, creí que te gustaría hablar con alguien. Te vi que ibas de aquí para allá y de allá para acá, como si estuvieras huyendo o buscando alguna cosa.

—¡Hermano, en eso tienes razón! Estoy intentando saber dónde estoy. Todo parece igual, pero nadie habla conmigo. Es como si no estuviera aquí, ¿me entiendes? Mi propia madre y los niños, todo el mundo actúa como si no me viera. Les grito, intento tocarles, pero no lo consigo. ¿Será que estoy drogada?

—¡Qué dices! ¡Eso es duro! Ven conmigo, chiquilla, vamos a dar una vuelta.

Noté que la desesperación y la frustración se habían apoderado de ella. Sólo era una chica de quince años, asustada, confundida.

Empezamos a caminar juntos, por las calles semidesiertas, pasando por las tiendas vacías del barrio, por los coches y las casas abandonadas, todo eso que forma parte de esa zona de Los Ángeles.

Anduvimos por lugares desolados en los que la basura crecía junto con los matorrales hasta que llegamos al callejón en donde, en otra dimensión y en otro tic del metrónomo, Maryanne había muerto.

Alargué mi brazo, y mi mano se encontró con su pequeña mano. La estreché con delicadeza y le pregunté si se acordaba de aquel lugar.

No respondió y no necesitaba decir nada. Yo sabía que sí se acordaba.

Atrayéndola hacia mí, le pregunté si sabía lo que había pasado.

Miró hacia abajo, para el mismo lugar en el que su cuerpo había estado, extendido y bañado en un charco de sangre oscura. Entonces respondió en un susurro. Sólo dijo:

—¿Por qué?

—¡Porque tenía que pasar, Maryanne!

—¿Por qué a mí?

No hubo indignación ni rabia, sólo una tristeza amarga y melancólica.

—Maryanne, no eres el primer espíritu, y dudo que seas el último, que me hace esa pregunta. Créeme, o mejor, confía en mí. Tú misma, con el tiempo, tendrás la respuesta a tu pregunta. No en este momento, pero la sabrás y ese día no está muy lejano, te lo prometo.

Me preguntó dónde estábamos. Sabía que realmente no estábamos en aquel callejón. De algún modo le había entrado el presentimiento de que estábamos en otro lugar.

—¿Sabes una cosa? A pesar de que no sé dónde estoy, creo que estoy muerta, ¿verdad?

Esta vez ya no preguntaba, afirmaba.

—Me percaté de eso hace poco, pero quiero que alguien me lo confirme.

Yo era su confirmación.

—Se puede decir que estás muerta. Es por eso que ni tu madre ni el resto pueden verte ni escucharte. Dejaste la Tierra, pero tu espíritu sigue vivo. Sí; a eso se le puede llamar estar muerta, pero estoy seguro de que, después de algún tiempo por aquí, encontrarás una palabra mejor.

Encogió los hombros en un gesto de indiferencia, y enseguida me preguntó si yo era uno de esos ángeles de la guarda, "como los de las películas".

—Más o menos. Digamos que soy un ángel temporal.

Ella estaba ansiosa por saber lo que iba a pasar a cada instante. Le expliqué que podíamos hacer casi todo aquello que ella quisiera. Le dije que debíamos hablar pero, antes que nada, lo primero era salir de aquel callejón.

—Lo que sucedió acabó aquí. Es hora de olvidar esto por completo.

Ella estuvo de acuerdo. En este lado, a nadie se fuerza, obliga o presiona a hacer algo. Se respeta el libre albedrío porque es lo que abre las puertas al progreso y a la evolución del alma. Ningún ángel de la guarda o espíritu iluminado tiene derecho a lapidar el alma del otro. Cada espíritu debe avanzar por cuenta propia. ¡Una luz puede iluminar el camino, pero el trabajo viene por su cuenta!

Regresábamos hacia la esquina donde nos habíamos encontrado cuando Maryanne se paró de repente, como si hubiera olvidado algo en aquel callejón. Tenía una duda, y ésta fue la primera de muchas conversaciones largas e interesantes.

Me quedó claro que ella tomó en serio lo que le había dicho, de la necesidad de que conversáramos.

—Yo vivía en ese barrio. Échale un vistazo. Es inmundo, y cuando hace calor, apesta. Huele a putrefacción. Cuando estábamos en aquel callejón, me dijiste que era allí donde tenía que morir. ¿Eso quiere decir que era también ahí donde tenía que vivir?

Sólo pude responder que sí. Era su destino.

Me miró fijamente a los ojos y entonces pude ver su rabia, odio y frustración. Me pareció que me estaba culpando por la manera en que vivió y murió.

—¡Bocón! Cuando vivía en ese agujero no había ninguna salida. Todo lo que hacía era inútil y acababa en una cagada. ¿Qué tipo de destino es ése? ¡No fastidies! ¿No tengo derecho a nada?

La verdad, ésa era una pregunta difícil y tenía la sensación de que vendrían más. ¿Por qué no empezó nuestra charla con algo fácil como "¿Los ángeles tienen sexo?"

Las preguntas sobre el destino son complicadas. Algunos acontecimientos tienen que ocurrir, pero nosotros también podemos elegirlos. No somos rehenes del destino pero, ¿cómo explicárselo a una chica de quince años que a duras penas había empezado a entender dónde estaba? Entonces tuve una idea.

—¡Eh! Esta calle está cerca de donde vivías. ¿Qué tal si damos una vuelta por aquí? ¿Te parece?

Aceptó, y comenzamos a caminar. Conforme lo hacíamos, mil pensamientos me llegaron a la cabeza. Tenía la impresión de que Maryanne había oído un montón de veces "bocón" durante su breve vida. Yo sabía lo que quería decirle pero, para que confiara en mí, tenía que usar las palabras más adecuadas.

Llegamos a la esquina de la manzana donde vivía. Hizo un gesto con la cabeza para que cruzáramos la calle. Su casa era la tercera a la izquierda. Era allí donde estaba su madre, que esnifaba cocaína, y sus siete hermanos.

—Muy bien, no tenemos por qué entrar. Nos podemos quedar por aquí. Pero quiero que hagas una cosa.

Entonces, despacio pero con firmeza, le dije que pensara sobre esa calle. Le pedí que se imaginara saliendo de casa, montando en un coche y conduciendo por aquella calle.

—Cierra los ojos e imagínate esto. Vas camino del colegio o a casa de algún amigo. Percibe, Maryanne, cómo pasas por las mismas casas, tiendas, esquinas y cruceros, día tras día, sin prestarles atención. Si estás en un auto, atiendes a las señales, semáforos y coches de tu alrededor. Pero el resto pasa inadvertido.

Con los ojos cerrados, hacía lo que le pedía, aunque dijo que nada de eso tenía sentido. La ignoré y continué:

—La mayoría de nosotros, mientras estamos encarnados en la Tierra, corremos durante toda la vida. Galopamos intentando llegar a algún lugar. Pero no ponemos mucha atención en lo que sucede durante el camino.

Yo también fui así en algunas de mis encarnaciones pasadas. Sólo mediante largas y difíciles lecciones aprendí lo que ahora intentaba explicarle a ella.

—Maryanne, nos entra tanta desesperación para llegar a algún lugar que acabamos por olvidar la razón por la que estamos aquí. Incluso, antes de poder elegir algo, tenemos que entender el porqué. Igual que tú, que conduces tu auto, la mayoría de las personas no percibe el color de las casas, ni la altura de los árboles o las nubes del cielo. No prestamos atención a las señales que la vida nos manda. Los acontecimientos no ocurren por casualidad, y cada uno es libre de reaccionar de la manera que quiera. Pero es la forma como se reacciona lo que determina los resultados.

Al sentir que estaba logrando hacer que ella entendiera lo que le decía, continué:

—Cada momento que viviste en la Tierra sucedió especialmente para ti. Quizá compartiste algún momento con un amigo, pero cada alma saca de ese hecho aquello que precisa para crecer. No existe lo "bueno" o lo "malo". ¿Cómo podría existir si todo forma parte del mismo plan de enseñanzas de la Tierra? Algunas lecciones pueden resultar más difíciles, otras más fáciles, pero todo lo que sucede es porque tiene que suceder.

Maryanne no dijo nada. Se quedó de pie a mi lado, con los ojos cerrados. Por lo menos estaba escuchando, lo cual era bueno.

Me senté en la acera, y mirando su rostro, continué:

—Ahora imagina, sólo por un minuto, que la vida es esta calle. Todos los días pasas presurosa, siempre hacia adelante. No miras a los lados y no distingues los bloques de las casas. Tampoco reparas en las personas, ni en los edificios ni en las señales. Como en esta calle, nuestras vidas tienen manzanas diferentes, edificios diferentes, personas diferentes. Del mismo modo que tienes que tomar esta calle para llegar al lugar que deseas, también debes vivir esta vida para llegar al destino final. Ese destino, Maryanne, no es la casa de algún amigo, un centro comercial o una oficina. Es la unidad con la fuerza que nos creó. Nadie llega pasando por alto las señales que hay a lo largo del camino. Lo que no conseguimos ver y aprender en una vida, se repite en la otra.

Abrió los ojos y se dio cuenta de que yo ya no estaba a su lado. Buscándome, miró hacia atrás para encontrarme hasta que me descubrió sentado a su lado, en la acera. Movió la cabeza, y rió con amargura. Dijo que hacía que la vida pareciera muy sencilla, pero luego me preguntó, "¿dónde está la justicia?"

—Muy bien, amigo, vamos a tomar esta calle y a compararla con otras calles del otro lado de la ciudad. Mi calle está repleta de lugares estupendos y de grandes aventuras: casas llenas de drogados, borrachos, ladrones, asesinos. ¡Te lo aseguro, este lugar es un verdadero parque de diversiones! Mi madre es una drogadicta que cuida de una prole de niños que pasan apuraciones. No sé quién fue mi padre y, lo que es peor, ya no tiene caso saberlo porque ya no estoy allí. ¿Entonces ése era mi destino, nacer y morir en esa mierda?

Continuó:

—Pues bueno, hay otra calle. No está lejos de aquí. ¿Y sabes lo que encuentras allí? Palmeras y césped bien cortado. Los niños que la habitan van en un auto de verdad y compran en los centros comerciales. ¡No vengas con esa historia de las elecciones! Yo no tenía elección, nací en una barriada y morí en una barriada.

Siguió. Sus palabras cortaban el aire con rabia y amargura.

—¿Por qué mis lecciones fueron más difíciles que las de los muchachos blancos del otro lado de la ciudad? ¿Por qué yo debía sufrir más que ellos? ¿Por qué a mí me tocó bandidolandia y a ellos les tocó Disneylandia?

Se calló. Como ya dije antes, esas preguntas sobre el destino son complicadas.

—Maryanne, tus lecciones fueron elegidas por ti incluso antes de nacer. Tu destino fue trazado en virtud de las lecciones que tenías que aprender. Sí, escogiste una vía dura y una calle difícil. Sin embargo, nunca te compares con los otros; todos tenemos que vencer nuestros propios infiernos. Cristo dijo que no somos nosotros los que debemos juzgar, y Confucio escribió que nunca un hombre debería juzgar a otro antes de caminar con sus mismos zapatos. Ambos dijeron la misma cosa: cada espíritu tiene su destino, y es único.

No sabía si estaba logrando mis objetivos. Tampoco si rompía su muro de rabia y frustración. A pesar de todo, lo que le dije sirve también para ti, que estás en la esfera terrenal: piensa por qué. Tú no estás en tu calle por casualidad. Tú no estás en la Tierra por casualidad, como tampoco tus vecinos, amigos, colegas de trabajo e, incluso, los llamados enemigos.

Nosotros estamos unidos los unos a los otros por acontecimientos que ocurrieron en otras vidas: antiguas amistades, rivalidades, amores, odios, celos y aflicciones.

Tenía que dejar claro a Maryanne que, en caso de que quisiera proseguir su vida, tenía que cortar los lazos de rabia, odio y frustración. Mientras no hiciera eso, se iba a quedar inmersa en las vibraciones inferiores.

Le pregunté si se acordaba del padrenuestro. Dijo que sí, y entonces preguntó si quería que rezara la oración. Respondí que no era necesario, pero le pedí que reflexionara sobre una parte específica de la oración.

—Jesús nos enseñó a orar de la siguiente manera: "Perdona nuestras ofensas como también nosotros perdonamos a los que nos ofenden". Maryanne, nosotros no perdonamos a quien nos hizo una maldad tan sólo porque somos almas generosas. No, perdonamos porque sólo de este modo cortamos ese eterno ajuste de cuentas. Sólo entonces podemos liberarnos de nuestras calles, de los mismos edificios, de las mismas manzanas y de las prisas que nos hacen llegar a los callejones sin salida. Una vez que hayamos perdonado, podremos continuar con el verdadero sentido de nuestra vida: el avance y perfeccionamiento de nuestro espíritu eterno.

Maryanne guardó silencio. Yo esperaba su comprensión.

Un vacío oscuro y silencioso. Un punto estéril en la creación. No hay luz, sonido, tacto u olor.

Fue en ese lugar donde un espíritu llamado Ernst se despertó. Su propia vibración lo condujó hacia esa oscuridad.

Su último recuerdo de la Tierra tenía el gusto amargo de una cápsula de cianuro. Después vino el suspiro en busca de aire y, enfrente, la imagen sin brillo y distorsionada de sus aprehensores.

Y ahora sólo vacío, sin luz para recibirlo, sin amigos, ni familia, apenas la presencia vacía de sí mismo.

Ese vacío no era un castigo, sino una consecuencia. Aquí sólo existe nuestro juicio personal. No hay negros o blancos, cielo o infierno ni condena eterna. Todo suceso es consecuencia del viaje de cada uno.

Todos viajamos por los caminos de la vida. Hay una dirección, una iluminación, una orientación, un esclarecimiento. Hay quienes los usan y quienes no. Existen varios caminos y curvas diferentes, sin que ninguna tenga que ser desatinada. Ningún camino es más acertado o bendito que otro.

Antes de encarnarse en la Tierra, Ernst vivía en un mundo inferior. La Tierra no es el único lugar donde los espíritus se encarnan. Algunos mundos son más evolucionados que la Tierra, disponen de vibraciones leves donde se juntan las almas más desarrolladas. Otros son menos evolucionados, de una vibración más densa y pesada; esto último atrae a las almas que aún están preparándose para el camino.

Ernst vivió en uno de esos mundos inferiores. Cuando terminó su periodo de encarnación, decidió, junto con sus guías, que había llegado el momento de encarnarse en la Tierra.

Ernst había progresado, sus vibraciones estaban sintonizados con las de la Tierra. Entonces nació.

Cuando murió, tuvo un paso por el vacío. Su estancia en aquel lugar no fue un castigo, del mismo modo que su tránsito de un mundo inferior a la Tierra tampoco fue una recompensa.

Dios no castiga, tampoco recompensa a nadie. Somos nosotros los que creamos nuestro propio cielo y nuestro propio infierno. La primera vida de Ernst en la Tierra tuvo lugar en Alemania. Había alcanzado tal punto en su evolución espiritual que ya estaba capacitado para hacer elecciones.

En la Tierra existen ideas verdaderas y falsas, morales e inmorales. El bien y el mal existen. Somos libres de tomar decisiones entre esos dos conceptos. Nuestras decisiones se vuelven acciones, que tienen sus consecuencias. Nuestras almas aprenden por los resultados que nuestras decisiones provocan.

Ernst nació en una época y en un lugar en el que las elecciones eran muy simples y fáciles, ya que había una clara separación entre la luz y las tinieblas.

Él tomó sus decisiones y el mundo conoce sus acciones. Se unió al partido nazi y formó parte de la élite del Tercer Reich. Ernst creía estar del lado de la verdad.

Nosotros sabemos cuáles fueron sus decisiones, cómo fue su vida y la historia que él y otros escribieron en el pasado. Ellos hundieron al mundo en una larga y fría noche de terror.

Historiadores, políticos y estadistas han estudiado, debatido y condenado lo que hicieron.

Pero tienes que comprender a Ernst si quieres entender su vida en la Tierra, y lo que eso significó. No lo juzgues, porque nosotros somos parte de él así como él forma parte de nosotros; comparte con nosotros el mismo brillo divino, porque todos somos espíritus y parte del creador.

En el Universo de Dios, en ciertos lugares y épocas, tienen que coexistir el bien y el mal, lo positivo y lo negativo. Para crecer y aprender, un espíritu debe elegir y recoger los resultados. Si no existen opciones, no hay de dónde escoger. La Tierra existe dentro del Universo porque es una esfera donde los espíritus aprenden por medio de sus elecciones.

Ernst hizo sus elecciones en la Tierra. Cuando su espíritu volvió para acá no encontró nada, salvo a mí: la luz. Yo estoy aquí para todos ustedes. Es mi trabajo y mi misión. Lo que aprendo ayudándolos también me ayuda en mi viaje eterno. Entre tanto, en el caso de Ernst, no podía hacer que él notara mi presencia. No le había llegado la hora en la que yo podía ofrecerle apoyo, esperanza y luz. Su espíritu no estaba preparado.

Ernst creía de manera fanática en la máquina de propaganda nazi. Su espíritu esperaba ser trasladado a algún lugar especial. Esperaba que los ángeles wagnerianos fueran a buscarlo para conducirlo hasta el gran salón de los héroes caídos del nazismo.

Los ángeles nunca acudieron y Ernst daba vueltas en vano, en la oscuridad. No había desfiles con antorchas para iluminar ese rincón oscuro del Universo.

De vez en cuando llamaba a algo fuera de la oscuridad. Se acordó de un Cristo que había olvidado hacía mucho, en su juventud. El espíritu de Cristo no apareció, porque los opuestos no se atraen, sus vibraciones no se acoplan. Por eso yo lo esperaba en ese preciso lugar.

Pero Ernst no estaba preparado y debía afrontar ese abismo a solas. ¿Sería aquel vacío lo que las religiones de la Tierra llaman infierno? Según la doctrina de la Tierra, el infierno es un castigo de Dios, pero Dios no castiga ni juzga. Dios es la evolución constante. Su fuerza siempre está presente en la creación.

Ernst sentirá la presencia de Dios. Aunque sólo sea por una fracción de segundo, la puerta se abrirá y percibirá la armonía, el amor y la belleza de Dios. Yo le abriré esa puerta y la cerraré rápidamente, para que Ernst vislumbre la luz, para que sepa lo que se está perdiendo.

Y yo te pregunto a ti: ¿acaso no es eso el infierno?

Borunda Ni todavía estaba en el ciclo terrenal. Igual que los primeros rayos del sol anuncian el amanecer, la suave cercanía de la oscuridad anuncia el atardecer. Fue en un atardecer, en este sencillo escenario de su aldea africana, cuando conversamos.

Estábamos sentados a un lado de la puerta de su cabaña. El sol se escondía lentamente detrás de las montañas que rodeaban este lugar. Las sombras de la noche crecían sobre el suelo.

Sentado en la sucia superficie con las piernas cruzadas, Borunda dijo:

—Llevo aquí algún tiempo y con el paso de los días empiezo a darme cuenta de ciertos cambios. Cada día es un poco distinto del anterior. El aire de la noche posee una mayor ligereza que antes.

Borunda se levantó, miró hacia las montañas y entonces comenzó a preguntar:

—Hay muchas cosas más allá de esas montañas, ¿verdad? Y todavía muchas más detrás del cielo, pues el aire está lleno de misterios que no consigo captar. En África nosotros éramos concientes de la magia que los espíritus pueden hacer con las fuerzas ocultas. Ahora sé que todo eso era verdad, pues ya no estoy en África y, aunque todo parezca igual, en realidad no lo es. Sé que estoy en un lugar donde habitan los espíritus; a veces los veo. Ahora yo soy uno de ellos.

Borunda llevaba aquí un buen tiempo. Lentamente y sin esfuerzo, se estaba adaptando a este otro mundo, al lugar donde habitan los espíritus.

Estaba de pie frente a la cabaña. Para hacerle compañía, me levanté y caminé hacía el. Miré fijamente las montañas que rodeaban la pequeña aldea.

—Sí, éste es el lugar donde habitan los espíritus. Yo soy un espíritu y tú también. Es de aquí de donde venimos, y es aquí donde realmente vivimos. La vida en la Tierra, allí en África, no era tu verdadera vida, ni tu existencia, tampoco tu ser verdadero. La Tierra sirve para que pasemos un tiempo fuera de casa. Es un lugar donde se conoce lo que no se puede aprender aquí.

Él me entendió y esperó a que continuara.

—Escucha, ahora te llegó la hora. Ya estás preparado. Mira alrededor de tu aldea. Es el sitio de tu última vida. Es tal y como la recuerdas. Mira, está el centro de la aldea, donde la tribu se reunía para conversar, cocinar o danzar. Más adelante, detrás de las cabañas y de ese claro, está el bosque donde jugabas de niño y cazabas de adulto. Antes de que estuvieras allí, estuviste en este lado, y antes de que estuvieras aquí, estabas allí. No obstante, es aquí, donde estamos ahora, "en este lugar donde habitan los espíritus", donde empezaste. Donde todos empezamos.

Asintió. Él ya lo sabía.

Toqué su hombro. Borunda se dio la vuelta y me miró a los ojos. Quería escuchar más.

—Déjame que te enseñe y explique. Vamos a retroceder para mostrarte cómo pasaste de aquí para allá y todos los ca-

minos intermedios. Te voy a enseñar todo lo que necesitas saber. Vas a pisar caminos por los cuales ya pasaste, y por muchos otros que están por llegar.

Su aura presumía mayor intensidad, porque había entendido
mis palabras. El haberle anticipado lo que estaba por venir afec-
taba a su ser. Pero yo sabía que tenía dudas, mismas que posible-
mente se fundamentaban en las creencias de su tribu.

En un principio, las creencias le ayudaron a adaptarse rápidamente, pero después, algunas de sus ideas eran la causa de
su estado de confusión. Aquellos que realmente tienen una fe
devota en sus creencias, sin reservas o cuestionamientos, se
encuentran con grandes dificultades cuando tienen que entender una realidad que no se ajusta a tales expectativas.

Los yoruba ponían mucho énfasis en la magia, los
encantamientos y rituales. No obstante, poca atención depo-
sitaban en el otro lado de la espiritualidad: el significado de
nuestras vidas en la Tierra. El conocimiento de Borunda sobre
el mundo espiritual era básico. Ahora era el momento de llevarlo más allá del ocultismo tribal. Sabía de la existencia del
lugar "donde habitan los espíritus" por medio de su magia.
Confiaba en ver los espíritus y convertirse en uno de ellos. Eso
era lo que creía, porque así lo había practicado.

—Borunda, déjame que te pregunte una cosa. ¿Era esto lo
que esperabas? Quiero decir, cuando vivías en la Tierra, ¿ima-
ginabas que los espíritus vivían en un lugar parecido a éste?

Reflexionó sobre mi pregunta y contestó:

—Sí y no. Está claro que mi muerte no fue nada. Simplemente abandoné un cuerpo viejo y cansado. Sabía que iban a
recibirme mis amigos y parientes. Pero, ¿dónde están los dio-

ses, las siete líneas del espíritu? ¿Dónde están Xangó, Iemanjá, Ogum y todos los otros? No los veo. En la Tierra, yo los veía claramente bailando delante de mis ojos. Pero aquí no están.

Esperé un poco antes de explicarle. Él necesita saber más sobre lo que había preguntado.

—Borunda, existen muchos grupos de espíritus aquí. Allí en tu aldea, ¿no había muchas personas diferentes? ¿No había jóvenes y viejos, hombres y mujeres? Aquí es la misma cosa.

Según la creencia de los yoruba, los espíritus están divididos en grupos. Probablemente ése era el mejor modo de explicarle a Borunda el mundo espiritual.

—Los espíritus que conocías en la Tierra, aquellos que danzaban delante de tus ojos y acudían cuando los llamabas, pueden ser divididos en dos grupos. El primero está formado por espíritus que se rehúsan a evolucionar. Por alguna razón no cortaron sus vínculos con la Tierra. No están preparados o no son capaces de dar un paso adelante.

Le dije que, en otros lugares de la Tierra, las personas llamaban "fantasmas" a esos espíritus. Esos espíritus vinculados a la Tierra se sienten poderosos cuando se involucran en asuntos terrenales. Algunos de ellos no están preparados para seguir adelante, son prisioneros de las vibraciones de la Tierra debido a sus egos y vanidades.

—Existen algunas reglas aquí —dije—. Un espíritu no puede ir donde quiera, sólo se encamina hasta donde consiguen llegar sus vibraciones. No hay policía o ejército que hagan cumplir esa regla. Todo funciona de manera natural.

Borunda me preguntó si esos espíritus estaban prisioneros de la Tierra, porque sus vibraciones no habían sido purificadas. Me quedé sorprendido por la pregunta. Aparentemente, cuando estaba en la Tierra y veía a esos espíritus danzar delante de sus ojos, observó más de lo que imaginé.

—Estás en lo correcto. Pero además hay otro grupo de espíritus más evolucionados con una misión en el mundo. Son los guías, los ángeles o, como en mi caso, los profesores.

Le dije que cuando él realizaba sus encantamientos, invocaba a los espíritus vinculados a la Tierra. Si el objetivo del encantamiento era negativo, el primer grupo de espíritus era el que respondía.

La vibración de Borunda indicaba que estaba preparado para aprender más.

Los yoruba le habían transmitido una comprensión sobre la continuidad de la vida después de la muerte. Mi tarea era mostrarle que la fiesta continuaba en varios lugares distintos. De esta manera, podría escoger, de entre los lugares a los que alcanzaban sus vibraciones, el más adecuado.

—Quiero que sepas, Borunda, que has olvidado muchas cosas. Por ejemplo, ahora sabes que ya viviste antes. Es el momento de que recuerdes esas vidas. Están dentro de ti. Forman parte tuya. Si me lo permites, voy a ayudarte a encontrarlas.

Su rostro revelaba emoción, encanto y entusiasmo. Estaba preparado, y yo también.

La tarea de ayudar a un espíritu a encajar las piezas de su rompecabezas personal es la parte favorita de mi trabajo. Pasamos por un colorido y sinuoso túnel, lleno de luces y sonidos, en contacto con la más perfecta armonía. Retrocedimos hasta su último nacimiento en la aldea africana. Lo vimos de niño, cuando aprendía a jugar y a cazar con los más viejos.

Sus sesenta años terrenales pasaron rápidamente por delante de sus ojos, aunque de una manera más intensa que cuando los vivió. Observó su aprendizaje y crecimiento con la Tierra. Vio que todos los animales y las plantas dependían los unos de los otros. Empezó a entender la armonía de la naturaleza: la lluvia que alimenta el suelo, el sol que trabaja con aquel suelo y las plantas que nacen de éste. Esas plantas morirían, fertilizarían el suelo y el ciclo comenzaría de nuevo, renovándose cada estación.

Borunda aprendió los ritmos de la Tierra, pero no por medio de un libro, sino como un elemento de esos ritmos.

En aquel momento, varios episodios de su vida pasaron por delante de él. Se dio cuenta de que cuando actuaba en contra de las reglas de la naturaleza, era castigado. Supo que no tenía capacidad para dominar completamente su medio ambiente y aprendió a ser más humilde. Descubrió elementos que no podía dominar por sí mismo, y para los que precisaba ayuda de su tribu. De esta manera, descubrió su lugar en la sinfonía de la naturaleza.

Entonces interrumpí la película de su vida.

—Borunda, llegó la hora de mostrarte otras cosas. Vamos a regresar a tu aldea de África. Vamos a ver cómo se encuentra en estos días, después de que te marchaste.

En ese mismo instante, ya estábamos allí. Lo que separa al mundo terrenal del espiritual son las diferentes frecuencias de las vibraciones.

Estábamos en su antigua aldea terrenal, como espíritus. Nada había cambiado. Las mujeres iban al río a lavar sus ropas. Los niños jugaban en las cercanías y los adolescentes se preparaban para salir a cazar al bosque.

—Todo sigue igual. Todos los días es la misma cosa. Pero en el futuro, aldeas como ésta ya no existirán. Ya no serán necesarias estas esferas de aprendizaje. Estas aldeas pequeñas y deshabitadas están desapareciendo poco a poco.

—¿Por qué? —preguntó Borunda.

—Las aldeas como ésta existen para que ciertos espíritus, en el comienzo de su desarrollo, puedan entrar en las vibraciones terrenales desde un nivel básico. Esos espíritus no están preparados para realizar elecciones difíciles, y en estas aldeas no se necesitan hacer muchas elecciones. A pesar de todo, no pienses que todas las personas que están aquí se encuentran en un estadio inferior de desarrollo. Sería un grave error pensar eso. Pero conforme los espíritus evolucionan y progresan, esta escuela se vuelve menos necesaria.

Dirigí de nuevo su atención hacia la aldea y señalé a un grupo de jóvenes que caminaba hacia el bosque. Le conté que aquellos jóvenes eran sus bisnietos y que habían nacido bastante después de que él se convirtiera en un espíritu.

—¿Cómo? Dejé este lugar hace apenas unos días. No es posible que sean tan viejos —se lamentó.

Al comprender su duda, sonreí. Le dije que después hablaríamos sobre el tiempo. Y, hablando de tiempo, era ya hora de irnos. Teníamos que ver muchas cosas más.

— Vinimos hasta aquí para tener un punto de partida, un lugar que pudieras reconocer.

Luego le pedí que recordara lo que había visto: una aldea minúscula en una remota región de Nigeria, en África, que era parte de un planeta llamado Tierra. También le pedí que mirara al sol en el cielo. Según la hora local, era cerca del mediodía.

—Ven, amigo mío, vamos a visitar otros lugares de la esfera terrenal.

Dejamos el futuro. Le había prometido que haríamos un viaje al pasado.

—Borunda, vamos a hacer un viaje por la Tierra durante la época en que viviste allí.

La primera parada fue en Europa, para ver las ciudades, haciendas y pueblos. Le dije que en un lugar tan pequeño como aquél, mucho menor que la región de la que formaba parte Nigeria, vivían personas del más variado tipo.

Después fuimos a Asia, cuyos bosques hicieron que Borunda recordara su casa. Vio las ciudades nuevas de Oriente que, como las de Europa, lo dejaron perplejo. Después, fuimos a América del Norte, y le mostré edificios enormes, donde miles de personas vivían y trabajaban.

Vio los cielos oscuros y los ríos envenenados por los hombres. Volamos sobre fábricas, oficinas, trenes, autos y cines. Apreció todos aquellos inventos y la gente tan distinta que justamente vivió en la época de su fallecimiento. Borunda no tenía la más mínima idea de que esas civilizaciones existían mientras él gozaba de una vida sencilla y tranquila en su remota África.

Entonces atravesamos el Océano Atlántico y llegamos a su pequeña aldea. Junto con un grupo de personas, sus nietos volvían de otro día de campo. Los observamos mientras se dirigían hacia sus cabañas. Dos de ellos pasaron a nuestro lado. Sé que le habría gustado tocarlos, pero no podía (otra vez esa historia de las vibraciones).

—Borunda, aquí fue donde empezamos; en tu antigua aldea. Los hombres ya han vuelto de otro día de trabajo y las mujeres empezarán a cocinar. Hoy, la vida sigue su curso normal, exactamente igual que hace treinta años, cuando vivías aquí. Nada ha cambiado. La vida continúa tal y como era antes. Mientras las personas de aquí vivían su historia, muchas otras, en ciudades y pueblos diferentes, hacían exactamente lo mismo: viviendo la vida que debían vivir. ¿Consigues entender esto, amigo mío?

El espíritu no habló de inmediato. Borunda miraba hacia su aldea, como si lo hiciera por primera y última vez. En cierto modo era así. Conforme se evoluciona, el pasado ya no se ve de la misma manera.

Al final, habló. Su voz cargaba un tono de sobriedad y también de cierta melancolía por lo que ahora entendía.

—Durante muchos años dormí, cacé y jugué aquí. Enseñé a mis niños nuestro modo de vida. En ese mismo periodo, en todo el mundo, personas que nunca conocí hacían las mismas cosas.

El sol se estaba poniendo detrás de las montañas. Un tono azul inundaba el paisaje, y los sonidos lejanos del bosque llegaban a nuestros oídos. Le expliqué que todas aquellas personas tan distantes estaban allí para aprender, crecer y desarrollarse igual que él.

—Todos somos iguales. Cada persona vive la vida que le fue destinada —concluí.

El anciano entendió.

—Ésta no fue la primera vez que estuve en la Tierra. Viví allí y en otros mundos muchas veces. Ahora estamos donde habitan los espíritus. Entiendo que también aquí existen muchos lugares diferentes. Yo sólo conocía la pequeña aldea donde nací, y nunca me imaginé que pudieran suceder tantas cosas a mis espaldas. Aquí pasa lo mismo, ¿no?

Me gustó mucho lo que dijo. Fue como si una lámpara subiera y de pronto el espíritu con el que estaba trabajando juntara todas las piezas del rompecabezas.

—Sí —respondí—. Así como existen distintas vidas que forman parte de la Tierra, hay distintas vidas que forman parte de ti. Es hora de que aprendas más.

Dejamos atrás su aldea. Intentó echar por encima del hombro un último vistazo a su antiguo lugar: las montañas, el bosque, las cabañas marrones y las hogueras encendidas que intentaban dominar la oscuridad. Todavía seguía mirando cuando uno de sus bisnietos pasó corriendo por uno de los polvorientos caminos de la aldea. Yo sabía que el bisabuelo de aquel niño nunca dejaría de protegerlo.

Dejamos las vibraciones de la Tierra para volver a las astrales. En un principio no hay nada más dramático que eso, pero con el tiempo, ni siquiera percibes el cambio. Recorríamos una playa de arena muy blanca, y las olas del mar rompían suavemente en la costa.

Hablábamos sobre sus vidas anteriores. Él estaba preparado para analizar cada una de ellas con su guía y profesor.

—Ahora, Borunda, vas a encontrar más espíritus dispuestos a ayudarte. En realidad, ya los conoces desde hace mucho tiempo. Así que sólo es cuestión de familiarizarte de nuevo con ellos.

Había llegado el momento de que Borunda se encontrara con sus guías y profesores. Son espíritus que nos acompañan desde el día en que nacemos, a veces durante varias encarnaciones.

Más tarde nos encontraremos con Borunda de nuevo, en su propia jornada.

—¡Eh, tú! ¿Sabes una cosa? No sé tu nombre, ni de dónde viniste ni lo que significa esto. Quiero decir que aquí estás tú, hablando todo el tiempo. Sabes quién soy yo, pero en lo que a mí respecta, tú puedes haber llegado de Marte.

Luego de este comentario, empezó otra escaramuza con Maryanne.

Ya no estábamos en las calles de Los Ángeles. Maryanne había roto finalmente con el lugar, pero seguía con la rabia que le hervía dentro del alma.

¿Dónde estábamos? En la Tierra las personas lo llamarían hospital, pero este lugar no cura las dolencias del cuerpo. Lo que cura son las heridas del alma.

Yo lo estaba haciendo lo mejor posible. Y aunque ya había algún progreso, era bastante lento.

Maryanne era impaciente. Quería saber todas las razones, los porqués, los síes, los fines y los sin embargo. Pero explicarle todo, ir hasta el fondo y aclarar las duda iba a llevar bastante tiempo.

Su rabia y la total falta de preparación, junto con la violenta naturaleza de su muerte, lo complicaban.

Déjame hacer una observación: "lento" y "despacio" tienen un significado distinto para nosotros. Pueden ser días, meses, años o incluso siglos. La verdad es que aquí el tiempo es irrelevante. Estamos acostumbrados a que en la Tierra las cosas estén resueltas en paquetes: la boda, el divorcio, un nuevo empleo, la jubilación y la muerte. Sin embargo, de este lado, no existen cosas como "hiciste esto, ahora encárgate de esto otro". La evolución espiritual no está determinada por tal situación o acontecimiento. ¿Ya viste cómo brotó una hoja? Un día la rama está desnuda, pero al día siguiente nuevas hojas verdes ocupan el vacío del día anterior.

Intenté describir esta jornada espiritual a Maryanne.

Le pedí que pensara en un riachuelo. Le expliqué, despacio y suavemente, cómo debe fluir un cauce de agua, sin esfuerzo, conquistando su curso a través de un lecho esculpido en el suelo, siglos antes de la existencia del propio riachuelo.

A lo largo del camino, hay muchas curvas y rectas. Existen puntos donde el lecho es profundo; y otros donde el agua es más mansa. Con el flujo del río se llega a un punto donde las aguas se encuentran con otro riachuelo. Ambos forman una corriente.

Los dos riachuelos juntos fluyen rápido, como si fueran uno sólo, y siguen un nuevo curso. Otra corriente se junta a ésa y así siguen hasta que las aguas adquieren volumen y se transforman en un poderoso río. Ese río se junta a otros ríos en el camino que siguen en dirección al mar.

Es de esta forma como evoluciona nuestro espíritu. Recoge conocimientos, experiencias, siguiendo un curso que ha sido trazado hace miles de años. Nuestra jornada espiritual no es un azar sin planificación, sin memoria, que avanza en dirección a la eternidad. No existe el caos en la creación; todo es tal y como debería ser.

Como de costumbre, Maryanne no estuvo de acuerdo.

—Espera un poco —repuso—. El destino, el sino, ¿pero qué son todas esas tonterías? Si estamos fluyendo como un riachuelo, ¿cuál es entonces la razón de la vida? ¿Entiendes lo que quiero decir? Si todo eso estuviera determinado antes de que la gente naciera, si Dios ya sabe cómo va a terminar todo, ¿de qué sirve entonces?

Maryanne tenía una gran habilidad para simplificar. Pero al menos estaba los suficientemente interesada como para mostrar su disconformidad, y eso era bueno.

—Está bien, te voy a dar una explicación. El sino, el destino, el karma... todo es la misma cosa. Voy a utilizar la palabra karma, Maryanne, porque es más práctica. Guarda eso en tu mente. Una vez que te liberes de las etiquetas, verás que todas esas palabras significan lo mismo. El karma es como la gravedad. La gravedad es una fuerza que mantiene a la Tierra junta, y el karma nos junta a todos nosotros el uno con el otro. Sé que a muchas personas les crea confusión eso del karma. Algunos piensan que el karma es lo siguiente: si hago algo malo a fulano en esta vida, entonces el karma determina que, en la próxima, fulano me lo devolverá. Por tanto, es mejor que sea bueno con todo el mundo que me encuentre, así no me veré afectado por un karma malo.

Reí y le expliqué a Maryanne que no era así de sencillo. Y ésta era la parte más difícil. No porque el karma fuera complicado, sino porque es demasiado sencillo.

—Escucha con mucha atención lo que te voy a decir, muchacha. No repliques antes de que termine. Después haces tus preguntas.

Se mostraba atenta, dispuesta a discrepar de todo lo que yo iba a decir. Comencé con una afirmación sencilla:

—No existe esa cosa del mal, el bien, lo acertado, lo desacertado, lo sagrado o lo maldito. Maryanne, ésta es la mayor verdad que has escuchado en tu vida.

Estaba atento a su reacción. No hubo ninguna.

—Habla, Bob, estoy esperando el resto. Sigue adelante.

Por el tono de su voz, me di cuenta de que estaba ansiosa por acabar conmigo.

—Recuerdo que, después de mi última encarnación, mi profesora pensó que estaba preparado para entender esa idea. Cuando me dijo que no había cosas acertadas o desacertadas, fue como si todo el mundo se me viniera abajo. Me estaba diciendo que todo lo que había aprendido era erróneo.

—No dije que estuviera de acuerdo con ese trozo. Sólo dije que siguieras hablando —respondió ofendida.

Respiré hondo. Esperé unos segundos y continué.

—Todos nosotros somos espíritus, hechos por el creador y a él le pertenecemos. Por tanto, todos los espíritus son iguales: ninguno es mejor o mayor que otro. Algunos pueden ser más iluminados porque evolucionaron más. Pero todos somos iguales. Ahora que estás aquí, de este lado, puedes ver que tu vida no terminó en Los Ángeles. Así que cuando estés preparada, vas a entender que tu vida tampoco empezó allí.

Maryanne se encogió de hombros e hizo un gesto de impaciencia para que siguiera adelante. Continué:

—Vamos a utilizar algunos ejemplos de la Tierra.

Ella me interrumpió:

—Pero sin riachuelos, ¿de acuerdo? Cualquier cosa menos eso.

Los dos nos reímos.

—Como te estaba diciendo, si miras con cuidado, vas a encontrar algunos ejemplos de vida espiritual en la Tierra. Lógico. La vida en la Tierra está hecha de espíritus. Mira, naces, aprendes a andar, hablar, atarte los zapatos, comer. Vas a la escuela y aprendes a leer, escribir, sumar y restar. En un determinado punto, un profesor dice: "Espera un poco, todavía no aprendiste bien la lección, por eso tienes que repetir año, comenzar todo otra vez".

Maryanne dio un respingo

—De eso sé mucho.

Le dije que repetir año no era un castigo. ¿Cómo puede alguien aprender algo más, si no tiene una base para construir? ¿Es esa persona un fracasado? ¿Hay algo malo en ello? Claro que no. Así como tampoco hay nada de bueno o de malo en el niño que pasa de año.

Avergonzada, la chica de quince años me confesó que reprobó el cuarto y el séptimo curso y que, en el último año, tuvo más faltas que asistencias.

—Lo sé, querida mía, por eso recurrí a este ejemplo. No sólo reprobaste, sino que desististe. No pasa nada por reprobar, pero desistir... eso sí que es grave. Si existe un pecado, ése es desistir, porque pierdes tu oportunidad y reniegas de tu espíritu. Vamos a volver a mi ejemplo. En la Tierra, una persona necesita saber leer, escribir y hacer cuentas. ¿Cómo puede un niño convertirse en adulto y tomar decisiones, si no sabe pensar? ¿Cómo puede pensar si no sabe leer? Las personas construyen encima de lo que aprendieron. Perdona que te vuelva a dar este ejemplo, pero la verdad es que son como dos riachuelos que se convierten en una corriente. Es de esta forma que nos desarrollamos como espíritus. Todos hemos sido criados para ocupar un lugar especial en el Universo, pero tenemos que conquistar esa posición. Si un espíritu tiene que aprender lo que es la compasión, la única manera de aprenderlo es con el sufrimiento. Un espíritu necesita aprender a amar antes de que pueda ser amado. Necesita distinguir su propia esencia para ver el brillo de esa misma esencia en los demás.

—¿Y el único lugar para aprender todo eso es en la Tierra?

Mi amiga estaba comenzando a entender, y yo empezaba a hacerme comprender. ¡Fue un momento maravilloso!

—Ahora vamos a hablar sobre el karma. Antes de nacer decidimos nuestro destino. Con ayuda de nuestros guías, esbozamos nuestra próxima encarnación. Un espíritu planea los rasgos generales de su propia vida y las lecciones que han de aprenderse. Esto lo hacemos de acuerdo con nuestras anteriores vidas, nuestros defectos y nuestras virtudes. En esa retrospectiva, podemos darnos cuenta de las injusticias y los dolores que hemos causado a los demás. Todas nuestras virtudes, vicios, méritos y defectos son colocados a la luz del día para que podamos verlos claramente. No podemos ocultar nuestras faltas ni evadirlas. Tampoco podemos rogar a Dios para que se lleve esas cualidades negativas. Dios no va a atender nuestros ruegos para purificar nuestros espíritus. El esfuerzo de pulir el alma es un compromiso propio. Como en la escuela, tenemos que aprender las lecciones. Cuando digo que no hay negro o blanco, bueno o malo, sólo afirmo que gozamos de libre albedrío para elegir. Nuestras vidas son el resultado de esas elecciones. Los desafíos se sitúan delante de nosotros sin ser necesariamente buenos o malos. Simplemente, son oportunidades de crecimiento para el espíritu.

Maryanne prestaba atención a cada una de mis palabras. Pero hasta entonces, yo no sabía si estaba de acuerdo conmigo o si mentalmente tomaba notas de todo lo que decía para contestar después.

En cualquier caso, continué:

—Bien, así que nacemos. Se apagan los recuerdos del pasado. No nos acordamos de nuestras vidas anteriores ni de las pruebas que enfrentaremos. Eso es bueno y justo, porque no podemos cargar nuestro pasado ni estar preparados para nuestro futuro.

Maryanne protestó.

—Bob, todavía no he entendido qué tiene todo esto que ver conmigo. Mira, yo sólo era una chica negra y estúpida de los barrios bajos de Los Ángeles, que se llevó un tiro en una guerra entre traficantes. Realmente debía tener pocas salidas para escoger una vida como la que escogí.

Maryanne, al igual que todos los que llegamos aquí, insistía en convertir el asunto en algo muy personal. De cualquier forma, es una manera de aprender.

—Necesitamos recorrer los caminos que escogemos hasta que hayamos aprendido a conocerlos bien. Esto es el karma. Tenemos libertad para enfangarnos en el odio. Pero si hiciéramos eso, entraríamos en un círculo de odio, por siglos, hasta tomar la decisión de volver a ser libres. Crearíamos un lazo infinito de dolor y sufrimiento con el odio de por medio. La decisión de liberarnos de esto nos coloca en dirección a la luz.

La cólera se apoderó de ella y su voz se llenó de rabia.

—¿Me estás diciendo entonces que escogí de la peor manera, que mi vida fue inútil?

En mi tono de voz más suave, respondí:

—Sí, pero ten en cuenta que ninguna vida es inútil. Aprendiste mucho con ella. Eso es lo que cuenta.

Seguí adelante, con el mayor deseo de que pudiera entender más sobre el karma. Le expliqué:

—El karma es el resultado de tus acciones. Si no cambias, si sigues haciendo las cosas de la misma manera, esas situaciones continuarán repitiéndose en tu vida. No puedes progresar hasta que no modifiques tus actitudes. Hay justicia, y la justicia es la oportunidad de experimentar de nuevo a través de la reencarnación. El creador y su creación son perfectos. Somos nosotros los que no estamos sincronizados. Es aquí donde reposa la lógica, la compasión y la rectitud de la reencarnación. Nos son dadas incontables oportunidades para echar a andar y clasificar nuestras emociones, deseos y necesidades. No existe la condena eterna, pero sí la salvación eterna, cuando cada uno encuentra su propio camino a casa.

Sus ojos se llenaron de lágrimas, y con esfuerzo logró hacer una pregunta. Su voz sonaba distante e imploraba una respuesta.

—Por favor, respóndeme: ¿por qué me pegaron un tiro? ¿Por qué recibí una bala en el pecho, yo, que sólo tenía quince años? ¿Qué tipo de karma hizo eso conmigo? ¿Acaso fui una persona tan horrible en alguna otra vida?

Me acerqué y le tomé la mano. Mientras la acariciaba, sentí toda la amargura y la desesperación que invadían su turbada alma.

—¡Querida mía, es todo tan sencillo! El camino difícil que elegiste recorrer llegó a su fin. Aprendiste muy bien algunas lecciones, y algún día servirán para decidir lo que necesitas aprender. Pero te llegó tu tiempo, y tu karma era que murieras de un tiro en un callejón sucio y oscuro. Tu muerte, sin embargo, fue una lección para otros. Ahora mismo tu madre está sufriendo por haber escogido en el pasado las drogas en vez de a sus hijos. Tus amigos sufren por haber sido tan estúpidos. Hace poco tiempo que el muchacho que apretó el gatillo del arma que te mató fue apresado y, probablemente, pasará el resto de su vida en la cárcel. ¿Entiendes ahora lo que quiere decir elección? Una piedra que se arroja al agua provoca miles de ondas. La vida de uno toca la vida de muchos. La manera en que vivimos nuestras vidas es una gran responsabilidad, ¿no crees?

Clara va al cine

Clara va al cine

La vibración es una frecuencia, y aquí nosotros sintonizamos la frecuencia de cada quien. Las vibraciones nos llevan adonde queramos ir. Cuanto más alta es nuestra vibración, crece la espiritualidad y podemos avanzar más arriba.

Los espíritus buscan a otros espíritus que están en la misma frecuencia, y Clara, cuando llegó aquí, pasó un buen rato con su marido. Ellos todavía estaban muy ligados el uno al otro. En realidad, estaban aquí más en sintonía que cuando convivieron en la Tierra.

Clara sabía por qué.

—Él es un hombre bueno, pero yo no lo amé. Él tampoco me amó. Yo tenía catorce años. Él treinta y cinco. Yo quería salir de casa y él que alguien lo cuidara. A mis catorce años, ni siquiera sabía lo que era amar. Lo supe después, cuando ya era demasiado tarde.

Clara estaba deprimida, y antes de que las cosas empeorasen, decidí interrumpirla. Aquí la depresión tiene el mismo efecto que provoca en la Tierra: deja a la persona paralizada.

Le pregunté si le gustaría ir al cine. Íbamos a ver una película que estaba seguro que le llamaría la atención. Era sobre su vida.

Empezaba antes de su nacimiento, cuando ella y sus guías de-
cidieron si debía encarnarse de nuevo en la esfera terrenal.

Clara aceptó con un poco de miedo. Entonces apareció la
primera escena. No había unas cortinas que se abrían, ni las
luces que se apagaban ni todo el ruido del proyector cuando
funciona. Su historia estaba allí, en vivo, delante nuestro.

Apareció una mujer alta y joven. Era bonita: tenía un rostro de rasgos agradables, sus cabellos eran rubios, a la altura
de los hombros y muy bien arreglados. Clara se asustó. Había
reconocido a la mujer.

—Soy yo, ¿verdad?

—Sí, esta mujer eres tú en tu encarnación anterior. ¿Te
acuerdas?

—Fue en Noruega, en el siglo dieciocho. Sí, me acuerdo.
Morí joven, con apenas treinta y cinco años. Mi familia era
rica y poderosa. Estaba casada con un hombre de otra familia
muy rica. De nuevo fue una boda por conveniencia. Nuestros
padres eran socios. Querían mantener el dinero dentro de la
familia.

Clara miró a aquella noruega alta y atractiva con tristeza, y
entonces suspiró:

—¡Otra vida desperdiciada!

—Por ahora, vamos a ver qué hay detrás de todo esto. Tu
última encarnación fue importante para ti. Dejemos que la
película nos cuente la historia.

Quería animarla, alejarla de la depresión, pero allí estaba ella,
hundida en el lodo de la soledad. Después la vimos con sus guías.
Estaban hablando sobre su espíritu y sus anteriores encarnaciones. Desde su creación, Clara había tenido muchos nacimientos.

Apareció un exitoso hombre de negocios en Venecia, Italia, de nombre Giovanni Petrucci, que contribuyó al comercio y a la cultura de su ciudad. Su espíritu estaba en una misión de desarrollo, tenía que mejorar la vida en la Tierra de modo que la esfera terrenal pudiera aceptar y acoger a más espíritus encarnándose allí.

De pronto, la escena cambió a un matrimonio joven ahogado en llanto por la muerte de un bebé recién nacido. Aquel bebé era Clara, que se había encarnado por un periodo muy corto para enseñar a los otros dos espíritus una lección de amor y pérdida.

Y así siguió con una cadena interminable de nacimientos y muertes. Ella se encarnaba tanto para enseñar como para aprender. Durante una encarnación fue un príncipe; en otra, un soldado que perdió la vida en una batalla que había sido olvidada hacía mucho tiempo.

A continuación, la vimos después de su encarnación en Noruega y antes de su encarnación en Pensilvania. El espíritu se estaba haciendo preguntas sobre las vidas anteriores, cansada ya del ciclo de muertes y nacimientos.

Después de su vida en Noruega, Clara había alcanzado un punto en su jornada en el que estaba abierta a la luz que venía de sus guías y profesores. Inconforme, preguntó por qué ellos mismos no se encarnaban en la Tierra.

Uno de los guías más nuevos le respondió, con el brillo de su aura y su alta vibración. Era su primera misión y estaba deseoso de ayudarla.

—Yo ya estuve allí muchas veces. Ahora tengo esta nueva misión. No sé durante cuánto tiempo estaré haciéndolo. Como tú, también estoy aprendiendo. Si evolucionas, también evoluciono. A decir verdad, hasta el creador evoluciona. Nosotros somos parte de una misma cosa porque venimos de una misma cosa. Déjame ayudarte a lo largo de tu camino. ¿Me dejas?

Clara dijo que sí. Añadió que estaba conciente de los cambios en su espíritu después de cada encarnación.

—Sólo hay un problema —añadió—. Que cuanto más aprendo, mayor es mi certeza de que hay mucho por aprender.

—¡Excelente! —replicó uno de sus guías. Él la había acompañado desde su primera encarnación. Feliz, se frotó las manos al ver que algunos de sus alumnos estaba descubriendo la verdad.

—Esto es maravilloso. Es muy bueno.

El guía más viejo sonrió.

—Tus vibraciones se sintonizan con las luces más elevadas, más puras, y aprendes las lecciones de la carne. Tú dices eso porque tu espíritu se está purgando de la obstinación, del orgullo, la arrogancia y el egoísmo.

—Es por eso que estoy aquí —agregó el más nuevo—. Estás preparada ahora para oír y aprender a partir de otro nivel.

Clara continuó atenta a la película, reviviendo escenas. Presenciaba un pasaje de la mujer noruega cuando preguntó:

—¿Eso quiere decir que me puedo quedar aquí ahora? ¿Que no tengo que volver al plano de la Tierra?

El guía más joven respondió:

—Vamos a echar un vistazo al camino que has recorrido hasta ahora. Una vez te ofreciste a vivir durante un corto periodo. Falleciste aún recién nacido. Fue una misión de sacrificio; naciste para que otros pudieran crecer. Durante otra encarnación naciste dentro de la realeza y viviste una vida privilegiada. Todos nuestros caminos y jornadas se unen en uno solo. Aprendiste las lecciones de aquella vida cuando dejaste de creer que eras mejor que los demás. Usaste tu tiempo libre para observar y apreciar el mundo en el que viviste. Existe un concepto erróneo que afirma que sólo por medio de la miseria y del dolor podemos entrar en el llamado Reino de los Cielos. En realidad, existen muchos caminos, vías y vueltas.

Su guía más viejo siguió narrando la historia de otra encarnación:

—Después naciste en una familia pobre de trabajadores. Otro camino, otra vía, una vuelta distinta y, como siempre, había una razón. No la sesuda noción que algunas personas tienen sobre el karma y la reencarnación, aquella que concibe que si naciste rico en una encarnación, en la otra serás pobre. ¿Te acuerdas por qué escogiste aquella vida? Era para desarrollar la confianza en ti misma. Querías confiar en tu propio juicio y desarrollar tu libre albedrío. Durante aquella encarnación hiciste casi todo por tu cuenta y superaste las grandes dificultades de tu nacimiento.

Clara se volvió hacia mí. Con una sonrisa en el rostro, dijo haberlo entendido.

—Sí, todo está ahí. Las distintas vidas, las posibilidades y las circunstancias. Así es cómo una vida da forma y moldea la siguiente.

—Tienes mucha razón, Clara.

Mientras seguíamos hablando y presenciábamos la película, llegaron el guía más nuevo y el más viejo. Se quedaron de pie a nuestro lado. Clara estaba feliz de verlos.

Aunque habían pasado setenta años terrenales desde la última vez que se habían encontrado, parecía un lapso de apenas unos instantes.

—Es un placer volvernos a encontrar. Ves que tu amigo Bob te está ayudando a readaptarte después de tu último viaje a la Tierra. A propósito, ¿cómo van las cosas por allí?

Encogió los hombros y dijo que las cosas en la Tierra cambiaban por fuera, pero que por dentro, básicamente, seguían igual. El hombre más viejo asintió. Sugirió que pusiéramos nuestra atención en la película.

La mujer noruega estaba a punto de caer en la desesperación. Pedía quedarse en esta esfera.

—Sé que tengo mucho qué aprender. Estoy segura de que existen muchos misterios que desconozco. Pero, ¿por qué tengo que volver? En otra vida morí para ayudar a dos almas. Después estudié con los mejores profesores de la Tierra, y en otra vida aprendí a confiar en mis propios sentimientos, juicios y recursos. Mi espíritu ha evolucionado constantemente a lo largo del tiempo.

Clara, los otros dos guías y yo estábamos asistiendo atentamente a la película y los cuatro sabíamos cuál iba a ser la próxima escena. En la película, el silencio de la escena fue interrumpido por el guía más nuevo.

—En este lado de la vida, aprendemos las razones y podemos responder a muchos porqués. Cuando un espíritu alcance la luz, se podrá quedar aquí. En este sitio, al igual que en el lado terrestre, hay un trabajo que debe llevarse a cabo. Cada esfera, cada nivel de la existencia ocupa su lugar especial en la creación.

La dama de Noruega miró a su joven guía. Él era atractivo, tenía el cabello negro y rizado, y un rostro redondo e infantil. Ella dijo:

—Ya sé todo eso. Y también sé que hay mucho más que aprender. Quiero saber todo lo que este mundo me puede enseñar.

Respiró profundamente y continuó:

—Desgraciadamente, algo falta dentro de mí. Tengo un vacío en mi alma.

Se detuvo por un momento. Esperaba que alguno de sus guías la hiciera continuar. Pero nadie lo hizo.

En la película apreciamos una lucha interior. Ésta es la verdadera "guerra santa" a la que se refiere el Corán: una guerra por el alma, por la luz, una lucha por la verdad absoluta.

—Compasión. Nunca aprendí lo que es la compasión. La conozco, pero no la siento. Eso es lo que me falta. Tengo un vacío que tiene que llenarse.

Habló el hombre más viejo, con una voz ronca que transmitía delicadeza y comprensión.

—Para ver la creación en ti misma, tienes que encontrarla en los demás. La compasión abre las puertas del alma del prójimo, así como abre las nuestras a la luz divina.

El guía de cabellos oscuros agregó:

—En este lado tú puedes aprender y comprender lo que es la compasión. Eso ya lo hiciste, pues reconoces que te falta ese sentimiento. No obstante, hay un lugar donde puedes empezar a ser compasiva..., y tú sabes dónde queda ese lugar.

La mujer se quedó desilusionada. Sabía que ellos tenían razón. Podría, si quisiera, seguir sus lecciones y jornadas en este lado. Ella, al igual que todos nosotros, podría hacer su voluntad. Nadie le dijo que debía volver; nadie la iba a forzar.

Suspiró y aceptó esa dura tarea. Sabía que volvería a la escuela terrenal.

La escena quedó oscurecida y rápidamente apareció una nueva. Ella miraba, junto a sus guías, los archivos de sus vidas; con cuidado, estudiaba cada apartado. En poco tiempo, dispondrían una nueva encarnación: el paso de la joven rubia noruega en Clara, la obesa viuda italiana de una pequeña ciudad de Pensilvania.

Se iba a escribir una vida de soledad, dolor y sufrimiento. El sufrimiento sería emocional. El dolor físico y la soledad le darían el tiempo y el espacio suficiente para reflexionar.

La empatía y la compasión no son fáciles de aprender. Sólo constituyen dos pasos en el camino eterno.

Ernst Luber sólo seguía órdenes

rnst Luber sólo segu

Ernest todavía estaba en el abismo profundo y silencioso: el vacío negro al cual había llegado. En todo el Universo, la única presencia que sentía era la suya. En la Tierra, él creía en la vida después de la muerte como una loca pesadilla wagneriana, generada por la megalomanía nazi.

Sabía que había sobrevivido a su suicidio, pero los dioses teutónicos no estaban allí para felicitarlo. Estaba confundido, con rabia y frustración. Ésa no era la vida después de la muerte que Ernst Luber esperaba. El trabajo no era fácil. El amor de Dios brilla dentro de cada sombra de la creación, y mi misión era llevar la luz a aquella alma miserable y atormentada. Sin embargo, no conseguía sentir ni una pizca de compasión por ese espíritu.

Era un hombre con una apariencia común e inexpresiva. Aparentaba ser de mediana edad, de más o menos un metro ochenta de altura, y con un cuerpo ya enflaquecido. Su rostro era alargado, fino y chupado y no tenía la fuerza que me imaginaba. Sus labios eran delgados y sus ojos castaño claro eran pequeños y redondos. Todo eso coronado por una cabeza interminable, dado que sus cabellos eran bastante escasos en la frente.

¿Ése era Ernst Luber, el monstruo, el criminal de guerra, el asesino? Quizás fuera ése el modo en que el Universo nos mostraba que el mal podía portar cualquier máscara. En el caso de Luber, el mal estaba disfrazado de un vendedor de zapatos.

Mientras reflexionaba de este modo, Ernst percibió mi presencia.

No llegué con un coro de ángeles, con carruajes de fuego o en medio de deslumbrantes luces. Simplemente, me presenté a su lado vestido con unos jeans viejos y una camisa de cuadros de color azul. En realidad, nosotros no nos vestimos aquí, pero es de este modo como recibo a alguien que acaba de llegar.

—Bien, por fin alguien se me acerca. Ya era hora. Estoy ofendido. No estoy acostumbrado a estas esperas irrespetuosas. Venga, vamos a movernos. Sé donde estoy. Yo, Ernst Luber, estoy listo para seguir mi camino.

Su fuerza residía en la voz: profunda, dominadora y arrogante. Cuando hablaba no utilizaba oraciones, sino frases cortas. Su voz parecía apuñalar cada palabra que salía.

—¿Ir a dónde?

Era una pregunta sencilla y franca con doble sentido.

—¿No lo sabes? Tú eres quien me va a llevar, ¿no?

Eso no era una pregunta, sino una orden. Encogiéndome de hombros, le dije que no estaba allí para llevarlo a lugar alguno. Estaba allí para quedarme a su lado. Era bien sencillo, o por lo menos lo creía así.

No lo aceptó. Ernst quería ser cargado por los cielos en una gloriosa llama púrpura. También quería que sus actos heroicos fueran proclamados en el paraíso. Realmente creía que eso le iba a pasar, ya que se había dedicado a su causa y pensaba que ésa era su justa recompensa.

Los ideales todavía son ideales, y este sujeto era alguien que de verdad creía en ellos. Sin embargo, las valquirias no iban a venir para llevárselo a un paraíso nazi.

A Ernst se le puso la cara roja de rabia, y las venas de su cuello se hincharon. Entonces gritó:

—¿Adónde voy? ¿A quién voy a ver? Ya he estado aquí demasiado tiempo. ¿Dónde están mis camaradas? Necesito reunirme con ellos. Todavía hay trabajo que hacer.

—Tus camaradas están aquí, pero no puedes verlos ahora. Tienes razón, hay mucho trabajo por hacer. Pero deja ya de protestar por la espera. No llevas esperando tanto tiempo. Te parece una eternidad, ¿verdad? Luego vas a descubrir que aquí no existe el tiempo, como tampoco existe el espacio. El aquí y el allí, los plazos, las carreras y los horarios... Todo eso se acabó, Ernst, y nada ha comenzado.

—¿Por qué utilizas un lenguaje tan oscuro? Tus frases se contradicen. Dime ya lo que quieres decirme.

Ésa era su manera de pedirme que me quedara. Mientras seguía con esa conversación irrebatible sobre sus compañeros, tuve una idea.

—Déjame que te muestre algo.

De inmediato quedó cubierto por una luz blanca y pura, por una vibración sagrada y serena. Por menos de un segundo su espíritu había quedado unido al todo, ligado a las verdades que aún desconocía. Por menos de un segundo, la verdad, el amor y la comprensión hicieron desaparecer la fría oscuridad y trajeron la reconfortante gracia de Dios. Nos envolvieron luces brillantes, porque éramos parte del amor, la armonía y la paz de Dios.

En un abrir y cerrar de ojos esa vibración desapareció y regresó al mundo de las sombras. En esa fracción de segundo, el creador se había ido.

—Eso es tuyo, Ernst, y algún día será de todos nosotros.

El espíritu me hizo frente y vi que una sonrisa se formaba en la comisura de su boca. Sus ojos me atravesaron, intentando descubrir alguna cosa más.

Sabía lo que estaba pasando: me estaba evaluando. Mientras estuvo en la Tierra, Ernst había sido un maestro de la manipulación. Hasta entonces no había tenido motivos para abandonar sus viejas prácticas.

Tal y como había pensado, se volvió dócil, conciliador, conspirador. Me susurró:

—¿Dónde está ese lugar? Me lo enseñaste. Tú tienes el poder de llevarme allí ahora. Tú debes ser realmente un dios. Pongo toda la confianza en ti. Llévame a ese lugar de justicia y descanso. Lo merezco después de la gran batalla que he librado.

Le dije que no poseía poder alguno, que no era un dios y que simplemente era un granjero de Kansas. También le aclaré que yo no había creado aquello que acababa de vivir, que no era un hechizo y que no había invocado a ninguna divinidad.

—Ernst —añadí—, no te puedes unir al poder que acabas de sentir. No por el momento. Tuviste el privilegio de sentir la armonía de Dios sólo por un instante, para que sepas que existe. Está dentro de ti y a tu alrededor. Eres parte de él. Todos lo somos. Pero tú te olvidaste de ese origen. Por eso no te va a ser posible sentirla ahora. La vibración de Dios es elevada y ligera.

Por el contrario, tu vibración, Ernst, es baja y pesada. Eso sí que es el infierno: saber que existe una vibración tan maravillosa, perfecta y armoniosa, que es la unión con Dios, y que de momento es inalcanzable para ti.

El nazi de botas negras estaba confundido. Por primera vez percibí un atisbo de duda en su rostro. Él lo había visto, pero no lo entendía. Como había sentido la felicidad de la creación, el vacío en el que se había sumergido le pareció mayor y más profundo. En un abrir y cerrar de ojos su alma se había reunido con el creador. Pero igual de rápido que se unió, se separó.

Sabía que a ese poder no se le podía manipular, chantajear o engañar.

—Me dijiste que estaba en el infierno. ¿Por qué? No hice nada malo.

—No estás en el infierno. Al menos no en el tipo de infierno que te enseñaron. En vez de hambrientas llamas que devoran tu carne, tienes un vacío que desmenuza tu alma. ¿Acaso no es eso un infierno? Pero no tienes por qué quedarte ahí para siempre. Sólo si quieres. La elección es tuya. El paraíso no está arriba o abajo, a la derecha o a la izquierda. Para decirte la verdad, es falso todo lo que te enseñaron sobre el paraíso: no hay ángeles, arpas o ropas que revolotean. También puedes olvidarte del palacio de Valhala y de las valquirias que cantan; el paraíso no tiene nada que ver con la ópera melodramática. El paraíso es la conquista de un estado interior de paz y armonía. Es tan tranquilo que ni siquiera lo consigo describir. Tú sentiste eso hace algunos instantes, amigo mío. Está a la vuelta. Pero, por el momento, te es negado. No soy un santo, un dios, o una persona sagrada. Soy un espíritu igual que tú. Tengo que cumplir una misión, igual que tú. Mi periodo en la Tierra se acabó y mi trabajo es ahora contigo.

Esperé preguntas. No hubo ninguna.

Esperé objeciones. No hubo ninguna.

Esperé comentarios. No hubo ninguno.

Continué:

—Afirmas que no hiciste nada malo. Bien, apuesto a que lo que hiciste va a ser muy debatido en la Tierra. Y te puedo garantizar que la mayoría de las personas van a estar en desacuerdo contigo. Van a decir que lo que hiciste fue repugnante, deplorable y despreciable. Tu nombre va a ser sinónimo de asesinato, terror, tortura y derramamiento de sangre. No obstante, eso será en la Tierra, no aquí.

Sonrió.

—Entiendo. Lo supe todo el tiempo. No hice nada malo. Todo lo que quería era libertad para mi país, amigo mío. El destino de la raza aria es el de unirse, gobernar y poner orden en el caos. Es la supervivencia de los más fuertes. Estábamos en lo correcto y estaremos en lo correcto siempre. No fuimos entendidos, fuimos ridiculizados y perseguidos debido a nuestros ideales, pero el mundo, en el fondo, sabía que estábamos en lo correcto. Las generaciones futuras apreciarán la pureza de nuestros ideales. Sí, tuvimos que tomar medidas drásticas, pero tuvimos el coraje de hacer lo que otros sólo susurraban. Matamos a los más viejos, a los flacos, a los lisiados y a aquellos con deficiencias mentales. Es mejor aliviar su sufrimiento que verlos dilapidar los recursos de la nación. Matamos a los homosexuales, que pervierten el mandamiento del todopoderoso. Matamos a los gitanos, que no se adhieren a ninguna bandera, y a los judíos, la maldición de la humanidad. Ellos mataron a Cristo, corrompen a los que son decentes y, como los ratones, consumen los recursos de todas las naciones. ¿Quién eres tú para decirme que no estoy preparado para continuar? Tú no eres nadie, salvo un pobre granjero estadounidense. ¡Ah! ¿Qué lograste realizar tú en tu vida? ¿Llegaste a organizar un pueblo, una nación o un continente? ¿Luchaste por algún sueño o moriste por algún principio? Tonterías, yo sigo adelante. Es mi derecho. ¡Cumplí con mi deber!

Nada de aquello me tomó por sorpresa. Era más o menos lo que me esperaba de *herr* Luber, el nazi. Intenté no perder la paciencia en el momento de responder.

—Yo no estoy juzgando o acusando. Puedes ir. Eres libre de tomar tus decisiones. Por el momento sólo hay dos caminos: puedes encontrar a tus viejos camaradas. Creo que tienen un desfile programado para hoy. Muchos todavía siguen en tu vibración. Te sentirás en casa con ellos. O puedes quedarte aquí, Ernst, no hay más opciones.

Al haber conseguido despertar su atención, continué:

—Recuerda ese breve momento de paz, amor y perfección que sentiste hace unos instantes. Eso no lo vas a encontrar ni aquí ni con tus camaradas. De momento sólo tienes esas dos elecciones. En ninguna encontrarás aquella vibración. Esa vibración es para cuando estés preparado. Hoy recibiste un regalo: vislumbraste la luz que nos espera a cada uno de nosotros. El tiempo que te va a llevar alcanzarla depende de ti. La elección es tuya. En tu vibración el camino resulta difícil, pero estoy aquí para ayudarte si lo deseas.

Ernest se enfurruñó, como un niño mimado.

—Pero dijiste que no hice nada malo. Allí en la Tierra van a acabar con mi imagen. Banda de despreciables. No me importa lo que digan de mí. Dijiste que lo que hice no tiene importancia aquí. Deja las cosas claras. Quién está en lo correcto: ¿los despreciables de la Tierra o yo?

Recé en silencio. Le pedí a Dios que me iluminara para que pudiera decir las palabras correctas. Mi labor era ayudar a ese espíritu, pero todavía no lograba sentir nada por él.

—Ernst, nunca dije que tus acciones en la Tierra no significaban nada aquí. Sólo dije que los juicios en la Tierra no tienen ningún significado aquí. Pero en la Tierra es otra historia. Allí los juicios y la justicia traen orden al caos. Los juicios ayudan a las almas terrenales a determinar las fronteras y los límites para que puedan convivir. La Tierra maneja su moralidad de ese modo. Tú dices no haber hecho nada malo. Eso lo podemos discutir más tarde, pero ahora es irrelevante.

Reaccionó cuando escuchó la palabra "irrelevante". Estaba a punto de levantar el tono de voz y gritarme. Con un gesto de la mano le pedí que se calmara un minuto. Le quería explicar algunas verdades y necesitaba su paciencia.

—Lo que te quiero contar es sencillo, aunque confuso para algunas almas terrenales. Escucha con atención lo que te tengo que decir. El nombre de Ernst Luber va a estar ligado al odio, a los prejuicios y a la tiranía durante varios siglos, así como el nombre de tu líder, Adolf Hitler. No solamente cumpliste con sus órdenes para matar, sino que incluso las perfeccionaste. Un rayo de desesperación y oscuridad surgió de tu alma y cubrió todos los rincones de Europa. Necesitas entender esto. Es el momento de que dejes de escuchar y oír las órdenes que siembran odio, matanzas y destrucción. Necesitas estudiar tu alma. El rayo de oscuridad apagó su luz.

Me estaba prestando atención. Entonces continué:

—El hecho de que te encarnaras en el lugar y en el momento en el que naciste no fue un accidente. Antes de que nacieras, trazaste tu camino con tus guías y profesores, e hiciste un contrato contigo mismo, con tu karma y con tu destino. Entonces te encarnaste y se desarrollaron los acontecimientos de tu vida. El holocausto tenía que ocurrir, pues nada sucede por casualidad. Todo forma parte del plan de desarrollo y evolución del Universo.

Ernst me dijo en tono irónico:

—¿Por qué me estás haciendo perder mi tiempo con esta conversación? ¿Lo ves? Yo no hice nada malo. Tú mismo acabas de decir que yo seguí un plan divino, unas órdenes que me fueron transmitidas antes de que naciera. Luego, soy un instrumento de Dios. No soy responsable.

Llegó mi turno de ser irónico:

—Tienes una mente manipuladora y muy creativa, *herr* Luber. Por favor, recuerda lo que te dije: la interpretación de la verdad te puede llevar a conclusiones peligrosas. Bien, vamos a continuar.

Él seguía conservando su aire presuntuoso. Comencé a rezar en silencio: "Dios, concédeme la paciencia y la compasión que necesito para ayudar a esta alma, porque en este momento lo único que quiero es darle un puñetazo".

Controlé mi impaciencia y proseguí:

—Cuando estés preparado, y aún no lo estás, observarás tu pasado. Lo harás con tus guías y profesores. Mientras tanto, vamos a hablar sobre lo acertado y lo desacertado.

Frotaba mis manos mientras caminaba delante de él, de acá para allá. Necesitaba hacerlo, porque lo que le iba a explicar era muy importante.

—Dices que no eres responsable de tus acciones puesto que formabas parte de un plan divino. Si hubiera siquiera un poco de verdad en lo que dices, nuestras vidas no tendrían ningún significado. Seríamos como robots, privados y absueltos de cualquier responsabilidad. Sí, Ernst, ustedes los nazis debían existir. Fueron la consecuencia del odio, los prejuicios, la agresión y la violencia que forman parte de las vibraciones terrenales. La sombra que provocaron fue el resultado de las actitudes humanas. Tenía que suceder así.

Ernst intentó interrumpirme. Estaba preparado para decir algo como: "¿Lo viste? Yo no lo dije". Un ademán de mi mano hizo que callara.

—Tal vez te preguntes, ¿cómo es que la muerte de millones de personas puede ser parte de un plan divino? Observa la Tierra. Como el Universo, ella también está en constante evolución. La propia naturaleza destruye y después crea y transforma. La época en la que viviste en la Tierra fue una etapa dentro del desarrollo de la humanidad. De las cenizas de los crematorios surgirán nuevos códigos de conducta moral, de humanidad y fraternidad. Muchas de tus víctimas acudieron voluntariamente hacia tu bola de fuego, con el fin de sacudir la conciencia colectiva de la humanidad. Su misión, su karma, era pasar hambre en tus inmundos campos de concentración, morir asfixiados en tus cámaras de gas y ser quemados en tus hornos, para que de esta forma la esfera terrenal pudiera moverse a su siguiente fase.

Conforme hablaba, él observaba las enormes chimeneas de Auschwitz, las llamas rojas y anaranjadas que iluminaban una noche de invierno cubierta de nieve. Ernst presenciaba la forma como las oscuras cenizas humanas se mezclaban con los copos blancos de la nieve, y su suave caída en la tierra congelada. No mostraba ninguna emoción al escuchar cómo el fuego crepitaba al fondo.

—Tu holocausto no fue el primero. A lo largo de la historia del mundo, la luz espiritual del género humano sólo ha brillado una vez que la humanidad se ha despeñado por un abismo. La evolución nunca es fácil. Algunos de los que se la jugaron en tus agujeros no lo hicieron para morir, sino para liberar a la humanidad. Tu holocausto demostró a las almas terrenales cuáles eran las consecuencias del odio. Cuando ahora ven en una película que un niño inocente marcha hacia la muerte, piensan en sus propios niños. Lentamente, a través de un velo oscuro, las almas terrenales empezaron a ver los lazos eternos que une a los unos con los otros. Ya quedaron atrás las noches rojo anaranjadas de Auschwitz; se cambiaron por profundas fosas color ceniza con cuerpos que se pudren.

Ernst continuó mirándome. Me escuchaba, pero sin demostrar ninguna emoción o interés.

—Antes de que la Tierra entre en una nueva era, habrá más masacres y asesinatos. Esos nuevos holocaustos son parte del plan divino. La Tierra no puede evolucionar de otro modo. Para eliminar las vibraciones inferiores, es preciso que sean arrancadas de las entrañas de la Tierra y que se marchiten bajo la luz del sol. Por tanto, hermano Ernst, el genocidio del que formaste parte tenía que suceder. No obstante, eres responsable de tus elecciones y tienes que rendir cuentas de tus acciones.

Como si no hubiera oído ni una palabra de lo que le había dicho, me gritó:

—No pierdas el tiempo. Si lo que me estás diciendo es verdad, entonces formé parte del plan divino para purificar la Tierra. Por lo tanto, debería tener los mismos derechos que aquellos que pululaban en los sótanos por la liberación de la humanidad.

Su voz fuerte y dominadora estaba llena de un sarcasmo ácido. Para ridiculizarme, añadió:

—Según lo que dijiste, al igual que mis víctimas cumplí con mi papel muy bien.

Sabía que mi misión con Ernst no era por azar. Ni la comprensión ni la compasión eran mi fuerte; con él tenía una prueba límite.

—Tú, yo y todos los espíritus de la creación gozamos de libre albedrío. Nosotros hacemos elecciones y, por medio de ellas, encontramos el camino que nos lleva de vuelta al principio, a la unidad con la creación. Ernst, tu encarnación en la Alemania nazi fue a propósito. Y mientras estuviste vivo, hiciste elecciones que te llevaron a tus acciones. Esas acciones fijaron tu karma. En cualquier punto podías haber elegido otra vía. En vez de colaborar, podías resistirte. En vez de provocar dolor, podías haberlo aliviado. Hasta tuviste la elección de no hacer absolutamente nada. Naciste en aquel momento y en aquel lugar, porque aquella época era una época de elecciones claras y tu evolución espiritual había alcanzado un punto en el que te era posible ejercer tu libre albedrío. Elegiste libremente, igual que yo. En este instante yo podría abandonarte. Al poco, otro guía vendría, y si fuera más paciente e iluminado que yo, podrías encontrar tu camino. Pero debo quedarme contigo en este preciso instante y lugar. Lo entiendo y decido quedarme.

Estaba a punto de terminar mi servicio y dejar que pensara en todo lo que le había dicho, cuando apareció una nueva presencia. Era uno de sus guías. Se trataba de una mujer, e intervino:

—Él tiene razón, ¿sabes?

Volviéndose hacia mí, me preguntó si podía ocupar mi lugar. Acepté con gratitud y alivio. Se la presenté a Ernst. Él estaba absolutamente indiferente delante de esa mujer pequeña y gorda, que le sonreía.

—¿Estás aquí para apoyar lo que él dijo? Está bien, entonces, por favor, vamos a continuar. Así puedo hacer un esfuerzo por entender todas esas babosadas.

—Es por eso por lo que estamos aquí, Ernst. Sé que no vas a recordar todo lo que te voy a contar. Cuando llegue la hora, repasaremos todo de nuevo. Ahora escucha.

Ernst asintió con un gruñido. Ella continuó:

—Tu primera encarnación en la vibración terrenal fue en Alemania. Tú ya habías vivido varias veces en otros mundos más violentos. Evolucionaste y estuviste listo para proseguir. Tus vibraciones estaban en sintonía con las de Europa. Sabíamos lo que tenía que aprender tu alma. Tus vibraciones te llevaron a la encarnación, en aquel lugar y época. Tu espíritu estaba en un nivel básico e importante de desarrollo. Durante tu encarnación en la Tierra, ibas a aprender a usar el libre albedrío. Era un regalo por tu progreso.

Irritado, el oficial de la ss explotó de rabia.

—¡Eso es una gran bobada! Si tuviera elección y hubiera tomado otra distinta, el imperio que ayudé a levantar no habría existido nunca. Yo no era un mero sargento en Alemania, por si lo quieres saber. Soy Ernst Luber, y junto con Hitler construí el Tercer Reich. Si no hubiera estado allí, no habría existido.

Su guía lo ignoró y siguió hablando:

—Contigo o sin ti, el Tercer Reich habría existido. Quizá hubiera tomado alguna otra forma, pero el resultado habría sido el mismo. Tú ya te habías formado para entrar en el plano terrenal. Te ganaste el regalo del libre albedrío. Ninguna vida carece de significado, al ser el resultado de ese regalo.

La mujer repitió varias veces lo que yo ya le había dicho: que él había nacido en el momento apropiado, en el lugar adecuado y según los acontecimientos programados, pero que era libre para hacer sus elecciones y acciones.

—¿Lo ves, Ernst? Tú no eres responsable por aquello que no está bajo tu control. Pero eres totalmente responsable por tus elecciones y recogerás los resultados de ellas.

Él no respondió. No estaba arrepentido. Ni siquiera sentía un poco de remordimiento. Simplemente, esperaba a oír más.

Le pregunté cuáles eran las actitudes de las que se sentía totalmente responsable.

—La tortura y la muerte de los judíos, de los viejos y de los débiles. Todos aquellos que despaché en función de mis ideales.

Su guía le preguntó si realmente pensaba así.

—Claro que no, tonta. Sabía que ésa era la respuesta que querían y por eso la dije.

Como ya he dicho, la muerte no cambia la personalidad de una persona.

Ella intervino.

—Bueno, tú fuiste parte del holocausto y vas a tener que lidiar con eso. Tu deseo de poder, sadismo y muerte son cargas negativas en tu vibración, karma y espíritu. Respecto a eso no tengo dudas. Y hay más, Ernst...

Ella paró a propósito por unos segundos. Después, le dijo que, sin embargo, había algo mucho más serio que todo eso.

—Abusaste de tu libre albedrío y creaste un karma que tendrá que cumplirse. Acuérdate de todo lo explicado sobre causa y efecto. Fuiste la chispa que encendió las llamas del sufrimiento. Ayudaste a provocar el holocausto. Por otro lado, no te has dado cuenta de que las fuerzas que liberaste se han vuelto contra ti. Tú escogiste suicidarte. Tú te cortaste el flujo de la vida. El suicidio nunca es el destino de un espíritu.

Me uní a ella, diciendo que él dejó la esfera terrestre sin haber agotado todo su tiempo, lo que le habría permitido modificar su karma.

—Tú, por propia elección, alteraste tu destino. Ahora es necesario recomenzar el ciclo. Necesitas hacer frente a ese desafío, Ernst. Tienes que tomar conciencia de los resultados de tus acciones.

Entonces lo dejamos solo en el vacío negro, con sus pensamientos y recuerdos de aquella fracción de segundo de paz, amor y armonía perfecta que había visualizado.

Se quedó allí un buen tiempo. Como punto positivo, debo decir que nunca más buscó a sus camaradas ni volvió a marchar en otro desfile militar.

Maryanne y el show de la vida
Maryanne y el show de la vida
Maryanne y el show

Con el paso del tiempo, Maryanne se impacientó:

—Y entonces, ¿qué va a pasar ahora?

De pie, con los brazos cruzados a la altura del pecho, estaba ansiosa por empezar algo nuevo.

—¿Dónde está el Niño Jesús y todas esas cosas sobre el río Jordán, Bob? ¿Me estás ocultando algo?

Ella estaba bromeando, pero el río Jordán me pareció un buen comienzo.

—Está bien, hoy vamos a intentar cruzar ese río.

Era algo muy ambicioso para haberlo dicho en un parloteo informal, pero creía que estaba preparada.

Íbamos a conversar sobre el darma, una parte de la doctrina budista, y la manera como se vincula con el karma. Nunca me gustaron esas dos palabras. Primero, porque a nosotros nos suenan de un modo extraño. Segundo, porque tales palabras se han convertido en estereotipos.

La primera imagen que viene a la mente de las personas es una fila de monjes tibetanos, vestidos con ropas color carmín, cantando y rezando, en medio de la humareda que exhalan los aromáticos inciensos.

Maryanne leyó mis pensamientos y rió. Ella también visualizó a los monjes.

—Maryanne, cuando entiendas lo que es el karma y el darma, hablaremos sobre la reencarnación. Entonces tendrás delante de ti una visión completa de todo esto. Deja por tanto que los monjes reciten. Ellos saben exactamente lo que hacen.

A continuación le empecé a explicar el karma y el darma.

—Vamos a llamar al darma Fuerza A. Ésa es nuestra misión en la vida. Sencillo, ¿verdad? El darma es el resultado de las vibraciones adquiridas durante varias encarnaciones. La suma de esas vibraciones es el karma, o Fuerza B. Durante nuestra jornada espiritual, actuamos, tomamos decisiones, juzgamos y elegimos. También construimos karma con otras almas: vínculos, culpas, afinidades, gustos y disgustos.

—¡Lo entendí! El karma genera darma. ¿Te gustó esta explicación?

Nos reímos los dos, pues, de alguna manera, estaba en lo correcto. El tiempo seguía pasando, de modo que decidí continuar mi explicación.

—Sé que estás cansada de oír esto, pero quiero que sepas que nosotros escogemos la vida y el nacimiento. Cada alma tiene su propia vibración y es la que determina la encarnación. En cada encarnación tenemos una misión o darma. Esa misión puede ser curar, enseñar, aprender o vivir de modo que sirva de ejemplo para los otros. El tipo de misión sirve para favorecer una mudanza del karma para mejor puerto. Ahora ya estás lista para entender la respuesta.

—¿Qué respuesta? ¡Ni sé la pregunta!

—La pregunta que llevas haciendo desde que llegaste aquí, y con la que te torturas. ¿Dónde está la justicia?

—¡Ya era hora!

—Cuando estuviste en la Tierra nunca pensaste sobre tu vida, ¿verdad?

—Pensar ¿cómo? Bastante ocupada estaba intentando sobrevivir, día a día.

—La mayoría lo está. ¿Nunca tuviste la curiosidad de saber lo que pasa cuando tu corazón deja de latir, o cuando dejas de respirar?

—No. Como te dije, estaba muy ocupada en mi sobrevivencia. ¿Pero por qué me preguntas todo esto? Sé dónde estoy ahora. Estoy viva, no muerta. Sólo fue mi cuerpo el que se quedó atrás. ¿Por qué lo preguntas ahora, si ya hablamos de eso?

—Sólo es curiosidad.

—Bueno, me acuerdo de que mi abuela siempre intentó llevarme a alguna iglesia para rezar. Pero para mí eso no significaba nada.

Estuve en parte de acuerdo, pero añadí que la religión tenía una función. Todos, al final, acaban por encontrar el camino a casa. En ese camino, el viajero halla muchas verdades.

—Hay muchos que nunca piensan en lo que hay detrás de lo que les dijo el padre, el rabino o el pastor. A las personas se les enseña a vivir según ciertas reglas: si jugaste limpio, vas al cielo; si no, te vas a encontrar con los tipos de cuernos y rabos. Pero eso no tiene ningún sentido. No hay justicia en eso.

También le dije que podía comprobar por sí misma: el juego entre cielo y el infierno no era verdadero.

Ella respondió:

—Estoy de acuerdo contigo, especialmente en la parte sobre la justicia. La vida no fue justa conmigo en Los Ángeles. ¿Por qué a mí me fue tan mal, mientras que a los chicos ricos del otro lado de la ciudad todo les iba de las mil maravillas? Eso no tiene la menor importancia.

"Viví como un animal, pero ¿después? Al final todos acabamos aquí, ¿no es lo mismo? ¿Por qué marcar diferencias? ¿Dónde está la justicia?

Le recordé que hacía un buen rato había preguntado la misma cosa.

—Es verdad, pero en aquella ocasión no me respondiste. Ahora dices que me vas a responder. Entonces vamos a ello.

Maryanne me acorralaba contra la pared. Respondí diciendo que le iba a explicar todo, pero le pedí paciencia.

—Tú vas a saber todas las respuestas, pero poco a poco.

Primero le recordé sobre las personas que, en la Tierra, no creían en nada.

"¡Cuándo estás muerto, estás muerto!", dicen ellos.

Ella dijo que conocía a muchos que creían así.

—Sabes, si estuvieran en lo cierto, y nosotros somos la viva prueba de que no lo están, no habría lógica ni justicia en la vida. Tanto la vida de un hombre rico como la de un hombre pobre tendrían el mismo fin. Todo se acabó, es el fin, el sueño eterno. La diferencia entre sus vidas, la forma como vivieron, nada de eso tendría ningún significado.

—Creo que sé a dónde quieres llegar. Continúa.

Retomé el tema de las personas que creen en el cielo y el infierno. Ellas siguen las reglas. Rezan, van a la iglesia y piensan de manera piadosa que todos nos encontraremos en la puerta del paraíso.

—Como mi abuela y sus amigas —agregó.

—Y ahí tampoco hay justicia —remarqué.

Ella me escuchaba realmente. Tenía toda su atención.

—El rico vive su vida, forma su familia y lo hace lo mejor que puede. El pobre hace lo mismo. Con una excepción: la vida del pobre es más difícil. Pero según las señoras que acuden a la iglesia, ambos van al cielo. ¿Eso es justo?

—¡Claro que no! —gritó ella con tal entusiasmo que parecía que estábamos en uno de esos encuentros religiosos, y añadió—: Allá en la tierra existen muchos predicadores que hablan bien, tienen autos finos, iglesias bonitas y ropas de marca. Todos dicen: "Ven por este camino, que es el verdadero. No escuches al tipo del otro canal, mi camino es el camino de Jesús". Todos predican que Jesús te va a mandar al infierno, si no oyes lo que ellos dicen.

Maryanne sabía que la Tierra estaba llena de mentirosos, estafadores y ladrones. Pero en mi opinión, los peores eran aquellos que usaban el nombre de Jesús, Moisés, Mahoma o Buda para vender un modo de vida, una creencia o una opinión.

—No todos los predicadores son falsos o fingidos. Hay algunos que realmente creen lo que predican, y eso es bueno. Acuérdate; existen muchos senderos y distintas verdades por el camino.

—Mi abuela creía realmente en el río Jordán, en la sangre de Jesús y en otras cosas semejantes. Pero todo eso son tonterías, ¿verdad?

—Las personas sólo consiguen entender aquello que están preparadas para entender —respondí—. Paraíso, infierno, salvación, condena, arpas, fuego y azufre no son ideas que existan por casualidad. Las almas terrenales necesitan guías y mapas que les indiquen su camino a casa.

Respondiendo todavía a su pregunta, continué:

—Las conversaciones sobre el cielo y el infierno vienen de las enseñanzas del espíritu de Jesús. Sí, él existió y todavía existe, igual que Buda, Mahoma, Krishna, Moisés y otros tantos profetas y profesores. Son espíritus divinos, como nosotros. Son almas de luz que fueron a la Tierra con una misión. Ellos vivieron para servir como guías, profesores y pioneros, pero sus palabras, enseñanzas y vidas han sido malinterpretadas. ¿Recuerdas las palabras que Cristo dijo, "Hay muchas moradas en la casa de mi padre"?

Entonces le expliqué el significado de esas palabras tal y como yo las entendía:

—Dios es el Universo, y en ese Universo existen muchas mansiones donde viven los espíritus. Cada mansión o nivel tiene su vibración, y los espíritus viven donde les llevan sus vibraciones. El nivel terrenal es uno de esos mundos. En la Tierra es donde los espíritus aprenden, crecen y se desarrollan. Cada mansión es simplemente un nivel diferente de vibración o de evolución.

Luego hice que recordara lo que Cristo dijo sobre renacer, y le advertí que tales palabras también han ocasionado muchos malentendidos. Él enunció que quien no nazca del agua o del espíritu, no podrá entrar en el Reino de Dios. Unos dicen que Jesús estaba hablando del bautismo. Otros dicen que se trataba de recibir al Espíritu Santo y renacer con una nueva fe. Ambas interpretaciones contienen equívocos. Lo que el espíritu de Cristo nos enseñó es que ninguno puede ver el Reino de Dios sin nacer otra vez. ¿Recuerdas alguna cosa sobre las clases de biología en el colegio?

—Voy a intentarlo —respondió ella.

—¿De qué está hecho aproximadamente 70 por ciento del cuerpo humano?

Ella pensó por unos instantes. Entonces sus ojos brillaron y respondió:

—¡De agua!

—Eso fue lo que quiso decir. El espíritu renace en el cuerpo. El renacimiento no es un castigo, sino una expresión del perfecto mandamiento de Dios. Ningún espíritu es enviado a la condena o salvación eterna en función de una simple vida en la Tierra. En eso no hay justicia, pero hay justicia en la reencarnación. No sólo en una vida, sino en muchas. No en una única oportunidad, sino en muchas. No en una sola justicia, sino en un solo destino.

Le pregunté si a ella le gustaría ser responsable de lo que hizo cuando tenía seis años de edad. Sin esperar su respuesta, dije:

—Está claro que no te gustaría. A nadie le gustaría. Conforme vamos creciendo, adquirimos sabiduría, madurez y conocimiento. Pero tú y la niña de seis años son uno solo. Mientras tu espíritu viaja a través de nacimientos y muertes, tú siempre eres la misma individualidad y así será para toda la eternidad, sólo que con más sabiduría. Es ahí donde están la justicia y la equidad.

Ella sonrió y asintió. Maryanne estaba en paz. Había, al fin, encontrado su justicia.

Karma y darma son el show de la vida. Nuestro viaje a casa es muy sencillo, mucho más sencillo de lo que puedas imaginar.

Peter se transforma en Jeff

Peter se transforma en Jeff

Peter se transforma en Jeff

Somos la suma de nuestro pasado y la promesa del futuro. Para la mayoría, esta última es una esperanza mientras recorremos los distintos caminos que nos conducen a su seno.

Era el caso de Peter. Él se iba a convertir en Jeff en la próxima encarnación. Cuando me lo encontré, todavía como Peter, estudiaba su próxima encarnación y elegía un nuevo derrotero para alcanzar su meta de un futuro mejor.

Peter se hallaba en un cuarto amplio, ventilado, con ventanas que daban a un gran jardín, repleto de vibraciones provenientes de las flores que acababan de brotar. Una fuerte luz dorada atravesaba las ventanas. Esa luz era más suave que la del sol, pero de la misma intensidad y brillo. El piso del cuarto era de mármol blanco y el techo de madera clara, con libros correctamente acomodados en estantes de caoba.

El espíritu estaba sentado en medio de una larga mesa de roble, con pilas de libros tanto a su lado derecho como al izquierdo. Concentrado en un uno de ellos, no se dio cuenta de mi llegada.

Peter era un espíritu de nivel avanzado, del tipo de los que han viajado mucho. Sabía que la Tierra ofrecía oportunidades para la evolución de sí mismo y para realizar descubrimientos.

Tampoco olvidaba la obligación de ayudar a los demás. El libro que leía era el de su vida. Podía leerlo sin el auxilio de sus guías, porque ya estaba en un nivel de vibraciones elevadas.

Inmerso en el volumen, recordó todo lo que sus guías, mentores y él mismo, habían trazado para su última encarnación en la Tierra.

Delante de él surgían imágenes antiguas de muchas de sus otras encarnaciones en la Tierra. El lugar que veía era la misma biblioteca donde estaba sentado ahora, con la misma luz delicada y clara que atravesaba las ventanas del jardín. En ese episodio, lo acompañaban el guía, Jacob, y su profesora, Úrsula.

Los dos eran nuevos, y trabajaban por primera vez con él. Úrsula, un espíritu bonito, con una luz propia y especial, tomó la palabra:

—Jacob y yo creemos que has alcanzado un importante estado de desarrollo. Lo que aprendiste ya lo trajiste a este nivel y estás preparado para proseguir.

Peter se puso feliz.

—Estamos aquí para ayudarte —agregó Jacob—. Alcanzaste un nuevo nivel de desarrollo, y estamos contigo para guiarte en tu camino.

Con frecuencia, los espíritus atraen nuevos guías al pasar a otros niveles de evolución, porque en cada nueva etapa se presentan diferentes desafíos, deberes y responsabilidades. Conforme aumentan nuestras vibraciones, aumentan también las opciones. Así que llegan guías con conocimientos especiales para ayudarnos.

Úrsula le explicó todo eso y añadió que, como siempre, él iba a escoger sus nuevas pruebas, misiones y responsabilidades. Le recordó que la elección era libre y un compromiso propio.

Peter siguió con más escenas de su vida, contemplaba cómo sus vidas anteriores surgían a través de los siglos, en las páginas de aquel libro. Contempló la suma de su pasado y reconoció la nueva composición de su espíritu.

Jacob habló nuevamente sobre un pasado no muy lejano.

—Adquiriste importantes habilidades, como la lógica, la persuasión y la comunicación. Tu espíritu se libró de emociones terrenales negativas, como la envidia, el miedo, la inseguridad y la avaricia. Fueron sustituidos por el amor, la confianza, la compasión y la comprensión. Cambiaste.

Con cierta melancolía, Peter, que en breve se convertiría en Jeff, seguía atento a su pasado. Recordó la alegría que le había dado su progreso y cómo su alma se llenaba de esperanza cuando soñaba con el futuro. Las páginas de su historia continuaban.

Peter se vio a sí mismo antes de su última encarnación, con sus nuevos guías, cuando discutía con entusiasmo las posibilidades del progreso de su alma:

—A mí me gustaría realmente volver a la Tierra. Allí hay que hacer tantas cosas, y tengo la seguridad de que puedo ayudar a otras almas a encontrar el camino correcto a través del laberinto. Sí, eso es lo que siento, eso es lo que mis instintos me dicen que tengo que hacer.

Peter irradiaba una verdadera luz brillante. Conquistó la sabiduría y quería llevar sus conocimientos al plano terrenal.

—Creo que puedo ayudar a las almas terrestres a descubrir el significado de sus vidas. Iré a explicarles esas verdades de un

modo sencillo. Puedo facilitarles la tarea de discernir los valores básicos y hacer que las personas encuentren su propia verdad. Ustedes saben cómo es... Cuando las almas llegan aquí,
están confundidas y no captan las oportunidades que se ofrecen. Cuando viven en la Tierra, están tan involucradas en el
poder, la competencia, la envidia y el estatus que ocupan, que
les es difícil encontrar una salida en la trama que ellos mismos
tejieron. Puedo ayudarles, lo sé.

De este modo planeó, con la ayuda de Úrsula y Jacob, su
camino. Escogió una misión en la que él volvería a la Tierra a
ayudar a otras almas en su trayecto. Su nombre sería Peter y
nacería en un lugar en el que la revolución en las comunicaciones estaba a punto de surgir.

—Voy a tomar el ascensor de esa revolución en el piso terrenal —dijo.

El lugar elegido fue Inglaterra, en 1919. Si lograba encar-
nar dentro de una familia cariñosa que lo apoyase, el espíritu
no tendría ningún problema para analizar y alcanzar sus metas profesionales. Cuando Peter tuviera treinta años, ya habría
pasado la Segunda Guerra Mundial. Él iba a combatir en esa
guerra, e iba a aprender así el sufrimiento y el horror que los
hombres se provocan entre ellos. Luchando con gran valentía,
se ganaría la reputación de un líder brillante, con el consecuente honor y gloria para Inglaterra.

Peter aprovecharía su fama para empezar su carrera de escritor. La televisión estaría en el tránsito de sus primeros pasos; la radio, en auge. Esos dos nuevos medios de comunicación
se convertirían en herramientas para llegar al mayor número
de almas terrenales. Peter utilizaría esas herramientas y su ta-

lento para divulgar las verdades eternas de la vida, la muerte y la fraternidad universal.

Ése era el plan, tal era el camino que había diseñado para sí mismo. Ésas fueron las responsabilidades que escogió y los objetivos que deseaba alcanzar.

De nuevo en la biblioteca llena de luz, Peter cerró el libro mientras observaba la florida armonía de colores del jardín.

Sabía que había fallado. Responsable de su fracaso, esperaba la consecuencia.

En cuanto sintió mi presencia, desvió la mirada del jardín para recibirme.

—Hola, Bob. ¿Cómo estás? Qué bueno verte por aquí.

Nosotros ya éramos amigos desde hacía un buen tiempo.

—Entonces ya estás de vuelta. Inglaterra... ¿era allí dónde estabas, no? En verdad, no pude evitar presenciar tu número —repliqué mientras señalaba su libro de la vida.

El espíritu suspiró, y la tristeza envolvió a su ser.

—Tantas esperanzas. Realmente lo eché todo a perder cuando estuve allí.

Se puede decir que éramos espíritus con las mismas afinidades. Por consiguiente, no estaba allí como su luz, su profesor o guía. Simplemente, era su amigo.

—¡Olvídate de eso! Las cosas no pueden haberte ido tan mal. No mataste a nadie, no te culpes tanto. ¿Qué te pasó?

Peter me preguntó si me acordaba de cómo se había encarnado, con el objetivo de divulgar la palabra y abrir la puerta entre los dos mundos. Con sarcasmo, hizo una parodia de las palabras que profirió momentos antes de entrar en el vientre de su futura madre terrenal.

—Voy a iluminar el mundo con la verdad, y aquellos que me escuchen abrazarán la nueva causa.

Me reí y le dije que al menos se iba a ganar un diez en entusiasmo.

—Lo que debería ganarme es una patada en el trasero por ser un idiota convencido —respondió, irónico.

Siempre me gustó la capacidad que tenía para hacer bromas de sí mismo. Y continuó:

—Estaba realmente entusiasmado con mi última encarnación. Cuando regresé aquí y sentí una nueva vibración, la vida ya no era tan misteriosa. Quería que todos compartieran mi visión, que sintieran lo que yo sentí y entendieran lo que aprendí. Pero acabé metiendo la pata. No sólo me perjudiqué a mí mismo, sino que también rehusé a compartir mis conocimientos con muchas almas.

En ese momento aparecieron Úrsula y Jacob. Se volvían a encontrar después de más de cincuenta años terrenales.

Úrsula lo saludó. Su aura brillaba como la luz del amor y de la bondad. Sabía exactamente lo que Peter necesitaba. Me pidió que me quedara. Acepté. Con el aura llena de compasión, habló sin mayor preámbulo.

—Bien, podemos darnos cuenta de que no estás muy feliz. Estás un poco enfadado, ¿no es así? Te culpas de no haber hecho lo que habías planeado. Estás en lo cierto. No puedes culpar a nadie más que a ti mismo.

Él murmuró algo, como queriendo decir que ella tenía razón, que él ya sabía todo eso y lo que ella quería de él.

Jacob caminó hasta el otro lado del cuarto, y se quedó de pie al lado de la ventana que daba al jardín. Entonces respondió al comentario de Peter. También dejó claro que no tenía tiempo para escuchar tonterías.

—Nosotros no queremos nada de ti; ya deberías saberlo. Nos podemos ir ahora mismo y regresar. Claro, siempre y cuando ya no pierdas el tiempo sintiendo pena por ti mismo. Llámanos cuando estés listo.

Nos quedamos esperando una respuesta. Conocía bien a Peter y pensé que se encogería de hombros, se relajaría y pediría a sus guías que se quedaran.

Eso fue exactamente lo que hizo.

—Está bien, sigamos adelante. Ya vi la película de mi última encarnación. Sé dónde metí la pata.

Conociéndolo bien, y al igual que Úrsula y Jacob, también sabía que no tenía paciencia para perder tiempo con minucias.

Úrsula, todavía con voz firme y severa, fue quien respondió.

—Antes de seguir adelante, necesitas entender por qué estás aquí. Esa verdad no se aplica sólo en nuestras vibraciones, sino también en la Tierra. Somos prisioneros del karma, de situaciones y de ciclos que nunca terminan porque no usamos el tiempo para entenderlos. Rodando, rodando sin parar, como un hámster en su rueda de ejercicios, permanecemos siempre en el mismo lugar.

Jacob caminó hasta donde Peter estaba sentado y colocó su mano sobre su hombro. Una luz fuerte de tono violeta iluminó el espíritu que en breve se convertiría en Jeff.

—Tú fuiste a la Tierra con sueños de grandeza y acabaste por convertirte en víctima de esos mismos sueños. El ego, el orgullo y la tentación te dominaron —añadió.

"Dios mío, yo ya he visto pasar esto otras veces", pensé.

—Eh, sé todo eso. Metí la pata. Lo eché a perder. Maldita sea, cómo me fastidia volver a las vibraciones terrestres. Creo que vamos a tener que hacer otra vez todo de nuevo, ¿verdad?

Peter era un espíritu evolucionado, pero esto no significa que necesariamente sea tranquilo y reflexivo. Esto es una buena noticia para aquellos de ustedes que piensan que los niveles más elevados deben ser tan aburridos como una charla de macroeconomía.

Jacob rió, Úrsula guiñó los ojos. Peter era de cuidado.

—No te pongas tan melodramático —dijo ella, irritada—. Primero, sabes perfectamente que la cosa no es para perder una encarnación entera. Por otro lado, hiciste reír a un montón de gente con esas comedias que escribiste para la radio y la televisión. Divertiste y aliviaste cada día de las personas. No hay nada malo en eso. Realmente aprendiste a comunicarte con las masas a través de tus piezas. Para hacer eso, necesitas tener empatía. Y la empatía significa compasión, y la compasión nace de la comprensión.

Peter escuchó en silencio. Él se estaba juzgando por los patrones por los que se había definido a sí mismo. No había conseguido alcanzarlos, pero su encarnación no había sido un fracaso total. Para nada.

—Hermano —dijo Jacob—, cuando te comunicas con las masas, trabajas con muchos elementos diferentes. Te sintonizas con la divinidad que tenemos en común, aprendes a simplificar tus pensamientos de modo tal que un gran número de personas puedan entenderlos. Tampoco hay nada malo en eso.

Peter, que en breve se convertiría en Jeff, escuchaba atentamente cada palabra que le decían.

Úrsula continuó lo que Jacob había empezado.

—Pero la moneda tiene dos lados. Cuando te enganchaste a la vibración de las grandes masas, tu propia identidad se apagó. Asimilaste tan bien lo que el pueblo quería que acabaste por olvidar quién eras, y el trabajo que tenías que hacer.

Me miró y con un movimiento de cabeza le manifesté mi conformidad con lo expresado. Ellos estaban en lo correcto. Sencillamente, Peter había perdido el rumbo.

Cuando al fin habló, lo que dijo salió del fondo de su alma.

— Ya lo sé. Escribí lo que las personas querían oír en vez de escribir lo que yo sabía que deberían oír. Capté tan bien sus prejuicios, su rutina, que ya no pude escuchar mi yo interior. Quería que todos me amaran y admiraran como alguien perspicaz que conseguía una enorme audiencia para mis jefes y patrocinadores. Así lo hice y ayudé a mis patrocinadores a vender más jabón, desinfectantes y remedios para resfriados. Vaya pérdida de tiempo...

Su lamento era sincero y profundo.

Jacob y Úrsula intercambiaron miradas. Ambos sabían que Peter acertaba y se equivocaba al mismo tiempo. Sí, él falló si consideramos sus metas y lo que realmente consiguió. Pero ellos tenían la misión de ayudar a ese espíritu a progresar.

Úrsula habló sin rodeos.

—Tú sabes cómo es la humanidad. Conoces sus diferentes niveles: algunos elevan el espíritu mientras otros lo degradan. Bailaste entre dos mundos: adoptaste las ideas de éste, pero te apasionaron la fama y la fortuna de la Tierra. Querías que tu

nombre perdurara a través de las páginas de la historia terrenal: un héroe de guerra condecorado que se convirtió en una
celebridad. Tu fama en la guerra te dio credibilidad para tu
verdadera misión, que era divulgar el mensaje de la vida eterna
y la fraternidad. Sin embargo, la fama te intoxicó y querías,
desesperadamente, que continuara. Adoraste los momentos de
éxito. No querías que terminaran y, en consecuencia, acabaste
viajando por otro camino.

Con serenidad e imparcialidad, Jacob habló:

—Bien sabes que el objetivo de una encarnación en la Tierra no es la gloria, sino la evolución del alma y de las almas que
te rodean. No superaste tu ego y, hasta que lo hagas, no pro-
gresarás.

Peter asintió y afirmó que su vida estaba aquí y no en la
esfera de la Tierra.

—En la vibración terrenal —prosiguió— todo es confuso
y reinan las emociones. Vamos a continuar. Quiero intentarlo
de nuevo.

Nos reímos por su impaciencia, y Úrsula respondió:

—Relájate. ¿Por qué tanta prisa? Estamos aquí para lidiar
con la eternidad. Además, queremos mostrarte algo.

No se puede describir con palabras lo que pasó después.
Fuimos al cine, o mejor, el cine vino a nosotros: vivo, real, y a
la vuelta. La película se llamaba *La Tierra, un documento his-
tórico*.

Desde el momento de su creación, la vibración terrenal ha
sido un terreno de pruebas. Los espíritus llegan allí para ser puestos a prueba. Aprenden mediante el enfrentamiento, cara a cara,
con la tentación, y se purifican al librar obstáculos.

Conforme esos espíritus desarrollan su conciencia, la Tierra también evoluciona. El espíritu que se iba a convertir en Jeff, observó cómo los cambios en las vibraciones humanas alteran la historia de la Tierra.

La vida trabaja a favor de la evolución. Esos cambios, junto con sus consecuencias, no suceden por casualidad.

Todos nosotros nos acordamos del pasaje bíblico que dice: "Y ni una hoja caerá del árbol sin que Él lo sepa".

Nuestra película empezó con escenas del futuro que nos daban una idea de lo que estaba por venir, en caso de que los acontecimientos siguieran su curso actual.

Jacob dijo:

—Desde el principio, la vibración terrenal ha sido una escuela, un lugar donde se aprende por tanteos y errores. Ha sido un lugar para que los espíritus actúen y aprendan a través de sus propios darmas y karmas. Tú, yo, todos nosotros viajamos por allí muchas veces. En tu paso más reciente, aprendiste cómo gozar de la vibración terrenal para comunicarte, efectivamente, con las almas que viven allí. Tu última encarnación puede servir, si quisieras, como un valioso paso en el camino hacia una nueva era en la Tierra. Tú no estás viendo el futuro como lo ve un vidente o un profeta, sino como un espíritu que alcanzó un estado de conciencia elevado.

Peter estaba quieto, reflexionaba sobre el peso de las palabras de Jacob y sobre la película que había visto. La vibración de la Tierra cambiaría, evolucionaría de un mundo expiatorio a un mundo de conciencia más elevado. A través de un proceso de purificación, las marchas cósmicas cambiarían lentamente.

Úrsula interrumpió su reflexión.

—Como sabes, amigo mío, siempre están los sin embargos...

Peter prestó mucha atención a cada una de sus palabras. Intuía que esa conversación acabaría en algo muy personal. La película no era una revisión de su vida, era una previsión del futuro, en la que él tomaría parte. Se acordó de la época en la que estaba en el ejército inglés, y de la horrible sensación que lo invadía cuando sus superiores pedían voluntarios para una misión peligrosa. Sabía que un momento parecido estaba llegando. Dentro de muy poco, tendría que hacer una elección.

Úrsula continuó.

—Sabes que las elecciones y responsabilidades aumentan conforme se alcanzan niveles de mayor desarrollo. En la Tierra, un niño no puede ser responsable de sus actos porque no está suficientemente desarrollado. Como los niños, los espíritus son guiados y nutridos a lo largo del camino, de acuerdo con sus necesidades. Tú diste un paso más. Ahora, tienes capacidad para afrontar nuevos retos, más difíciles. Tú decides, lo haces o le das la espalda. Dispones de libre albedrío para escoger. Nosotros solamente podemos guiarte. Si no estás preparado para dar otro paso adelante, no vamos a juzgarte ni a abandonarte.

El miedo es una emoción negativa, porque paraliza el alma. La duda y el miedo que suceden en nuestro camino deben superarse. Peter, que en breve se convertiría en Jeff, lo sabía.

—Parece que algo tremendo está por venir. Muy bien.

Ésa fue su respuesta. Creímos que quiso decir "sí" y, entonces, sonreímos. Él también sonrió.

Jacob caminó hasta la ventana, donde una luz blanca seguía bañando la biblioteca con su calor. Todo estaba en armonía y paz. Se sentó en el descanso de una ventana y adoptó un aire de profesor.

—Reflexiona sobre la historia de la Tierra. Vas a notar que, después de cada tragedia, las vibraciones se reajustaron y progresaron. Durante tu último paso por allí, la Tierra sobrevivió a una gran guerra y entró en una nueva era. Se han hechos grandes avances en la ciencia, la física, las comunicaciones y la información. Pero, como siempre, el progreso trajo sus consecuencias; el progreso creó polución, pornografía, drogas, armas químicas y una lenta y corrosiva destrucción de la humanidad. Para cada causa existe un efecto; para cada efecto existe una causa. La vibración terrestre reaccionará a la perturbación de sus habitantes en este delicado sistema de apoyo a la vida. Habrá una epidemia llamada sida que va a matar a millones.

Peter preguntó a sus guías:

—¿Y luego? Todas esas cosas ya sucedieron en el pasado. Forman parte de la historia de la Tierra. La Tierra presenció la peste negra, la peste bubónica, la fiebre tifoidea, sequías, inundaciones y guerras. Y la vida continuó.

Estuve de acuerdo con él. ¿Cuál era el problema en caso de que hubiera otra epidemia? Las personas contraerían la enfermedad, morirían y regresarían aquí a prepararse para otra reencarnación. La manera como alguien muere es, en la mayoría de las veces, kármica, porque por lo que me consta, da lo mismo morir de vejez que en un accidente de avión.

Úrsula, que se había situado junto a Jacob en la ventana, se acercó ahora a Peter y nos explicó la diferencia con el sida.

—Esta enfermedad va a ser única. El sida va a traer un estigma horrible, una mancha que provocará sentimientos muy fuertes en las personas. Todas las vibraciones negativas como el miedo, el odio, la injusticia y la intolerancia van a ser vertidas contra las víctimas del sida.

Todavía en la ventana, manteniendo su espíritu en perfecta armonía con la iluminación y los colores, Jacob dijo:

—Esa epidemia va a ofrecer una oportunidad para que los espíritus progresen. Acuérdate, el Universo no retrocede, sólo progresa.

Peter preguntó qué tenía que ver todo eso con él.

—Tú todavía no tienes el darma para enseñar, inspirar y educar. Tú mismo sabes que no conseguiste completar tu darma en tu última encarnación. Lo pospusiste porque acabaste atrapado por el dinero, la fama y el poder. No robaste, no destruiste, pero no evolucionaste como debías. Tu karma todavía te ata a tu darma.

El espíritu que se iba a convertir en Jeff se irritó. Se puso de pie, por primera vez, y miró a Jacob y Úrsula.

—Entonces, ¿qué debo hacer? ¿Convertirme en doctor, liderar un movimiento y descubrir una cura para el sida?

Ellos se miraron y, entonces, se volvieron hacia mí. No tenía la menor idea de lo que estaba pasando. Yo también esperaba su respuesta. Úrsula respondió en tono serio y sereno:

—No, tu misión no será la de curar; esa tarea pertenece a otros. Te lo voy a poner de una manera bien sencilla: queremos que seas un voluntario que muera de esa enfermedad.

Él se quedó confundido. No lo había entendido.

—¿Cuál es el problema de morir? —preguntó—. Pasamos por eso todo el tiempo.

En ese momento, Peter se convirtió en Jeff.

Nosotros volveremos con él. Mientras tanto, como él acostumbraba escribir en sus antiguos programas de radio, en una de sus vidas, diremos: "Primero, una palabra de nuestros patrocinadores".

Los viajes

Los viajes de Borunda

Los viajes de Borunda

Borunda y su guía se sentaron en el margen de un río, cuya tonalidad azul claro fluía a través de un valle llano y fértil. Se podían ver truchas y salmones nadar en las aguas del río. En algunos puntos, el agua formaba tranquilas piscinas naturales en donde los niños, en medio de las risas, jugaban y se salpicaban agua unos a otros. Aunque este río se parecía a cualquier otro de la Tierra, en realidad, era diferente, pues refrescaba el alma en vez del cuerpo.

Borunda y su guía hablaban de mí y del viaje que hicimos juntos. Comentó que, cuando vivía en la Tierra, no se imaginaba siquiera que existieran miles de millones de personas con vidas distintas a la suya, en lugares diferentes; exactamente, en la misma época en la que él vivía.

Borunda añadió:

—Nosotros vivimos de manera distinta, pero en el fondo somos iguales y estamos en la Tierra para cumplir una misión. Algunas se realizan en un nivel, otras en otro, pero ésa es la única diferencia.

Como un padre orgulloso, su guía sonrió. Le agradó lo que Borunda había descubierto.

—Vidas diferentes, misiones diferentes, vías y caminos diferentes, pero un mismo destino. Eso, Borunda, es la verdad y la justicia universal.

Además dijo que, en este lado de la vida, existía la misma verdad universal que Borunda apreció en sus viajes por la Tierra: vibraciones diferentes, niveles diferentes, conciencias diferentes; así es en cada plano que estaba habitado por espíritus, de acuerdo con la vibración de cada uno.

Borunda asintió. Observaba que, desde su llegada, había notado el orden y el ritmo en la vida.

—Tu última encarnación te ayudó a comprender eso. En la Tierra, viste cómo los acontecimientos son resultado de las acciones, y cómo las acciones están influidas por los acontecimientos, en un fluir continuo, sin inicio ni fin.

Borunda vio su pequeña aldea en África, y se acordó de los ciclos de la naturaleza. Sonrió, pues sabía que aquello que nosotros llamábamos naturaleza en la Tierra, aquí se conocía como fuerza creadora. Ambas cosas eran una sola en verdad.

Su guía captó esos pensamientos. De manera gentil le sugirió que era hora, si quería, de continuar la jornada. Borunda asintió.

El guía se levantó y le pidió que lo siguiera por el margen del río. Dejaron atrás la sombra refrescante del gran árbol. Caminaron, uno al lado del otro, en dirección a la luz, con un paso mucho más rápido que el flujo del río.

—Borunda, mira cómo el agua profunda corre suavemente. Cuando llueve, cada gota de agua se transforma en parte del río. El río es la suma de las gotas de agua. Así sucede con el espíritu; éste es la suma de las encarnaciones. Pero el río continúa siendo el río. Así como el espíritu es siempre el espíritu, incluso cuando cada gota de una encarnación desarrolle su conciencia, haciéndola crecer. Vamos a ver las gotas de tus encarnaciones, porque así podremos contemplar mejor tu río. Ha llegado el momento.

Sonriendo de felicidad, igual que un estudiante de primaria que ha resuelto un acertijo, Borunda preguntó a su guía:

—Si las gotas de las encarnaciones son parte de mi espíritu, entonces cada vez que nacemos y cada vez que morimos añadimos algo a nuestro progreso. Como en la Tierra, ese río un día se va a encontrar con otro y juntos formarán un río más grande; cada uno cargará sus gotas diferentes, su parte de la suma. Algún día, cuando todos esos miles de millones de gotas estén en armonía, y los ríos del mundo se hayan encontrado, todos nosotros seremos uno solo como el creador, ¿no es así? Sé que la fuerza creadora está aquí. Puedo sentir su presencia en mí y a mi alrededor. En este instante no sé todavía cómo puedo ayudar en el proceso, sólo sé que deseo hacerlo. Quiero construir mi río para que me pueda unir a los demás.

La gracia de la creación fluyó a través de Borunda. Su guía, tiempo después, me contó que sus ojos se llenaron de lágrimas al escuchar aquella sencilla y maravillosa declaración de fe. Sólo pudo responder con un breve sí.

Al otro lado del río, vieron una encarnación anterior de Borunda. Se llamó David. Fue la primera encarnación de Borunda en la Tierra. David era un trabajador manual, un hombre con una inteligencia limitada y con pocos recursos. En aquella encarnación, Borunda no estaba preparado para tomar decisiones, por lo que nació en una vibración baja, donde las decisiones son pocas y sencillas.

—Y tú te entregaste a la bebida. La vida era dura y nada gratificante. Entonces bebías porque no sabías cómo lidiar con la vida —le explicó su guía.

Viajando a lo largo del margen del río, con lentitud, apareció otra gota y vieron a Simone y a David que caminaban, uno al lado del otro.

—Años después, te reencarnaste como Simone. Trabajaste con los niños de los jornaleros, en los barrios pobres de Francia. Creaste un flujo de instrucción e inspiración para ellos y los ayudaste a superar la pobreza. Cuando fuiste David, tu vicio por la bebida te prendió de una forma kármica. Te dejaste vencer como David, pero te sacrificaste como Simone. Cuando enseñaste, también aprendiste junto a tus alumnos. De esta forma, agregaste otra gota que engrandeció tu espíritu.

Borunda y su guía caminaron por un margen mientras que Simone y David caminaron por el otro. Luego, a la pareja que estaba del otro lado se les unió un actor griego llamado Mikhail quien, interpretando obras escritas por autores que habían fallecido hace mucho tiempo, hizo que sus palabras volvieran a tener vida. Así inspiraba a nuevas generaciones.

Borunda y su guía continuaron su caminata.

En el otro margen del río, el trío se convirtió en cuarteto. A ellos se les juntó Dame Edith, una rica aristócrata inglesa. Su acceso al poder y a los privilegios en el cambio de siglo le ayudaron a plantar las simientes del emergente movimiento feminista en Inglaterra. El nombre de Dame Edith no se puede encontrar en ningún libro de historia. A veces los famosos no son aquellos que plantaron la primera simiente. Al final, los cuatro se convirtieron en cinco. Borunda se vio a sí mismo en el otro lado del río, en comunión alegre con David, Simone, Mikhail y Dame Edith.

—Tu última encarnación se pareció a la primera en un punto: naciste en una vida de elecciones sencillas. Pero las dos fueron diferentes, porque en la última naciste para aprender los altibajos de la vida, conforme a las verdades del creador. Lo aprendiste bien.

Borunda miró a través del río. David, Simone, Mikhail y Dame Edith, cada uno con su propia luz, formaban una única luz. Una mezcla de tonos violetas, amarillos, verdes, azules y rosas dio vueltas en el aire, para formar una única bola de luz blanca. La bola quedó suspendida en el aire por algunos instantes, entonces tomó velocidad y atravesó el río en dirección a Borunda. La bola blanca envolvió su espíritu y, lenta y uniformemente, entró en él.

Borunda, que ya no es más Borunda, se volvió y miró a su guía. Ambos sabían que otra encarnación le esperaba.

Maryanne

Maryanne y el perdón

Maryanne estaba sola de nuevo. Había salido de nuestro hospital. Su rabia, que era lo que la prendía al plano terrenal, se había ablandado durante su estancia en el hospital. Ahora, estaba en una rutina diferente.

La escuela, que nunca le había gustado mucho, le tomaba ahora la mayor parte del día. Claro está que la escuela de Maryanne no era como las de la Tierra. En ésta, se aprendía más sobre el espíritu, las vidas pasadas y las futuras elecciones.

Aunque ella estudiara con sus guías y profesores, siempre venía a buscarme para hacerme preguntas sobre los temas que creía difíciles.

—Para mantenerte al tanto —decía.

Este día que voy a contar no fue distinto. En realidad, la conversación que tuvimos me dejó bien al tanto.

—Bob, ayúdame, por favor. Como siempre estás dispuesto a dar una opinión sobre cualquier asunto, quiero pedirte un consejo, porque estoy con serias dudas.

Me empezaba a gustar la forma "espontánea" que tenía para exponer las cosas.

—Es sobre esa historia del enjuiciamiento de uno mismo, sabes, ese asunto del que siempre me hablas. Me están encantando mis guías, pero también hablan todo el tiempo sobre eso, y no lo consigo entender. ¿Cómo me voy a juzgar si no sé nada? Creí que era Dios quien juzgaba todo el tiempo. Siempre me enseñaron que el día del juicio era su gran momento.

—Por lo que me consta, yo todavía no me he encontrado al "jefazo", al menos no hasta ahora; por tanto, soy el único juez de mí mismo. No intentes llevarme la contraria, porque para mí eso está perfecto. Soy del tipo que perdona fácil.

Le dije que el "jefazo" no nos deja realizar el juicio, sólo nos permite que seamos concientes de los resultados de nuestras elecciones. Por otra parte, le expliqué, él no vivió nuestra vida. Nosotros la vivimos. Él no labra nuestros destinos, nosotros lo hacemos. Sé que eso es algo difícil de aceptar para las almas terrenales.

Maryanne se rió y respondió, con su peculiar manera de hablar:

—¿Sabes lo que dirían sobre todo esto aquellos predicadores de la televisión a los que mi abuela acudía? Que sólo dices tonterías. Dios y Jesús están aquí, esperando nuestra muerte, para que así nos puedan mandar al cielo o al infierno. Esos predicadores dicen que Dios escribió todo eso en la Biblia. Dios es justo, y sólo los justos estarán a salvo.

Recitó la última frase tal y como hacen esos predicadores de la iglesia de su abuela. Los dos reímos.

—Escucha, creo que ya entendiste lo que quiere decir aquella historia del cielo y el infierno. Por lo tanto, vamos a pasar por encima de eso. Quiero que intentes una cosa.

Ella esperó con atención mis instrucciones. Proseguí:

—Intenta observarte por un minuto. Mírate a ti misma y pregúntate: "¿Soy perfecta?, ¿justa?, ¿amable?"

—Está claro que no.

—Cierto, ninguno de nosotros lo es.

—¿Ni siquiera tú, Bob?

No sabía si ella hablaba en serio o si bromeaba, pero le respondí del mismo modo.

—Nadie lo es, ni siquiera yo, algunas veces.

Le pedí que siguiera analizándose. Entonces, le pregunté si, en caso de que fuera posible, cambiaría alguna de sus actitudes del pasado.

Sin esperar su respuesta, afirmé:

—¡Está claro que las cambiarías!

Una vez más, Maryanne me recordó lo que decían los predicadores que aparecían en la televisión cuando apretaba el botón del control remoto.

—Ellos dicen: "Reza a Jesús, él te perdonará y todo saldrá bien. Reza, y nacerás de nuevo. Reza, y Jesús entrará en tu vida y quitará tus pecados con su sangre". ¿Qué opinas de eso?

Todo lo que pude decir es que, realmente, Jesús perdona. Dios, como creador nuestro, perdona.

—Él conoce nuestras limitaciones; nosotros, también. Pero Maryanne, tus oraciones no te librarán de tus imperfecciones, ni te harán entrar en el paraíso. Las injusticias y los engaños que cometemos envilecen tanto a la vida como a las personas. Para conquistar la armonía y contribuir a la creación, tenemos que asumir los resultados de nuestras elecciones y aprender de ellas. Dios no hace eso por nosotros, pero permite que tomemos conciencia de la verdad y reformulemos nuestros caminos. Eso es la justicia.

Ella estuvo de acuerdo, pero preguntó qué sucedía cuando el espíritu que debe juzgarse a sí mismo, no lo hace.

—Un marido que golpea a su mujer y piensa que está en lo correcto. ¿Quién decide?

Buena pregunta. No todos los espíritus alcanzan un nivel en el que pueden juzgarse. Algunos asesinos creen en la justicia de sus actos; otros, en sus propias mentiras.

—En realidad es sencillo —respondí—. Cuando un espíritu no entiende, no progresa. Permanece donde está hasta que entiende. La iluminación puede llevarle varias encarnaciones en la Tierra, o miles de años de reflexión, aquí.

—¿Quién decide si un espíritu está iluminado o no? ¿Quién decide si debe evolucionar o quedarse donde está?

Ahora entendí adónde quería llegar.

—La manera como el Universo fue creado es quien decide, Maryanne. En las esferas más elevadas no hay lugar para la rabia, el odio, la envidia y la mentira. Cada nivel tiene su propia vibración, y un espíritu sólo puede alcanzar aquel nivel que está en sintonía con su vibración. Déjame darte un ejemplo. Imagina que, allí en la Tierra, intentas sintonizar una estación de radio FM en una radio que sólo recibe AM. Es imposible, porque las frecuencias no son las mismas. En la Tierra, el bien existe a veces junto al mal, ya que esas dos distintas vibraciones son necesarias para la evolución de la Tierra. Pero el mal no se puede mezclar con el bien en los niveles más elevados del mundo espiritual.

Maryanne sonrió de forma pretenciosa. Siempre sonreía de esa manera cuando creía que tenía la respuesta.

—Entonces esos predicadores de la Tierra están al mismo tiempo acertados y equivocados. Dios hizo las cosas de tal modo que sólo podemos ir al lugar al que estamos preparados para acceder. Para evolucionar, tenemos que volvernos mejores. De cierta forma, existe un juicio preestablecido.

Era mi turno de sonreír pretenciosamente. Le había dado una buena explicación.

Cl

Clara s

Nosotros somos parte del todo. En consecuencia, como cada espíritu es parte del todo, cada vida que vivimos también es parte del todo. La vida de una persona toca la vida de las personas que le rodean, a través de la eternidad.

Cada una de nuestras vidas es parte de nuestro espíritu. Cada una de nuestras vidas moldea el espíritu, a través de la eternidad.

Clara todavía estaba con sus guías. Había terminado la película de sus vidas pasadas. Se encontraba lista para dar otro paso, en uno de los muchos caminos que se dirigen al hogar. Había llegado su hora.

Su guía más viejo le dijo que quería levantar otra cortina, para dejar que entrara más luz. Le pidió permiso para seguir.

De inmediato, ella accedió, y él prosiguió:

—Sal de ti misma y abandona a Clara. Intenta recordar que ésta fue simplemente una vida más. Deja que las emociones que trajiste contigo se vayan. Eres Clara y, a pesar de eso, no eres Clara. Ella solamente es una de tus muchas partes. Déjala atrás, de modo que podamos echar marcha atrás y ver el todo. Déjame que te explique lo que está a punto de suceder.

El proceso se llama reintegración. Este paso no es fácil. Con ayuda de los guías, el espíritu se deja a sí mismo y aprecia cada encarnación del pasado, de manera individual, separada del todo. La reintegración es algo así como desmontar un motor y examinar cada pieza para entender cómo encajan y funcionan como un todo.

Por supuesto que los guías de Clara creyeron que ella estaba preparada para afrontar tal proceso. Entonces empezaron. En primer lugar, la voz del guía empujó al espíritu de Clara fuera de sí mismo, lentamente, como si la estuviera hipnotizando.

—Libérate de tu pasado. Deja tus emociones atrás. Deja a Clara atrás. No tengas miedo, ella volverá y otros se unirán a ti. Pero ahora sólo eres tú. Espíritu de luz, espíritu del creador, parte del todo, nacido del todo y hecho por el todo. Únete al todo ahora, busca orientación e ilumina tu alma. Puedes hacer eso quitándote los pesados ropajes de la Tierra. Llegó la hora de que te liberes de tus miedos, tus sueños, tus esperanzas, tus ansiedades y de ti misma. Llegó la hora de ser libre.

Yo observaba a Clara mientras la voz serena de su guía recorría el camino hasta el interior de su espíritu. Lentamente, el aura que la envolvía se iluminó y, palpitando con energía, se alejó del espíritu, transformándose en un ser autónomo. El espíritu llamado Clara se quedó atrás, observando.

El aura, que ahora era casi pura energía, fluctuaba alrededor, mientras la propia Clara se transformaba. El aura se dividió sin que por eso disminuyera de tamaño. Cincuenta y tantas entidades aparecieron, y todas ellas eran del mismo tamaño y figura que el original.

El guía era un experto en reintegración. Luego empezó a hablar. Pero no con Clara, pues ella sólo era una de las cincuenta entidades. Habló directamente con el espíritu de ella.

—Mira las partes de tu todo. Delante de ti están todas las voces que te hablan desde dentro; las voces que han estado contigo desde el momento en que fuiste creado. Delante de ti están tus esperanzas, frustraciones, alegrías y obsesiones. Éstas son tus vidas. Todas vivieron en la Tierra. Pídeles que te hablen. Escúchalas. Su esencia espiritual, al obedecer la suave orden del guía, entró en contacto con cada una de sus partes y escuchó la historia de cada una.

—Mi nombre es David. No viví mucho tiempo. En realidad, sólo algunos meses. Mi encarnación fue corta para que mis padres terrenales aprendieran el dolor y sufrimiento que traería mi pérdida. Pero también experimenté una pérdida terrible y un vacío muy grande. No pude crecer y encontrar un lugar en el mundo. Esto me parece injusto. Sé que nací para morir pronto. Escogí ese camino para poder ayudar a los otros. Pero el vacío permanece dentro de mí.

El guía dijo al espíritu de Clara:

—Habla con David y cuéntale que él es parte de ti. Dile que se acabaron el vacío y la pérdida. Que encontró su lugar en el mundo y que ese lugar es contigo y con tu espíritu. Ustedes juntos, un día, encontrarán su lugar con Dios.

En realidad, el espíritu no necesitaba hablar; para comunicarse con la entidad llamada David, le bastaba sólo con mirarla y pensar.

—Ahora pide a David que se una a ti para que ambos se conviertan en uno solo. Acéptalo ahora, pues él es joven, con vitalidad y repleto de sueños. Tiene mucho que ofrecerte. Tráelo a tu interior, a tu hogar.

El espíritu y David brillaron en el momento en el que sus vibraciones se sincronizaron. Se convirtieron en uno solo. El aura emitió un sonido agradable debido a esa nueva energía.

Kristen, la noruega, fue la siguiente entidad en hablar.

—Yo también estoy sola. Me criaron unos padres fríos e indiferentes. Ni siquiera un niño pudo traer calor humano a mi hogar. Mi padre, obcecado con sus negocios, me obligó a casarme con un hombre que apenas conocía, el hijo de uno de sus socios. Nací en una familia sin amor; viví mi vida dentro de un matrimonio sin amor.

Debido a David y ahora a Kristen, empezaba a entender la composición de ese espíritu que conocí como Clara: frustración, vacío y soledad.

Esos problemas emocionales tenían que ser resueltos uno por uno, en caso de que el espíritu quisiera evolucionar.

El guía habló con el espíritu de ella, de nuevo.

—Mira a Kristen y su vida. Son parte de ti. ¿Tú la ves en tus recuerdos sola, en un matrimonio sin amor? Pues apaga esa escena. Retira los colores y deja que las imágenes en blanco y negro se fundan hasta que desaparezcan.

El espíritu de Kristen se levantó de manera vaga. Su luz, pálida y tenue, se fue fortaleciendo conforme el aura y Kristen trabajaban juntas para resolver la experiencia de aquella encarnación.

El guía pidió al aura que también dejase entrar a aquella encarnación en él, curando sus heridas para convertirla en una parte del todo del nuevo espíritu.

Así continuó ese proceso, hasta que todas las encarnaciones fueron auxiliadas y reintegradas al gran espíritu.

Clara ya no era Clara. Era un verdadero espíritu, el conjunto de sus vidas, experiencias y acciones.

Su guía le preguntó cómo se sentía.

—Para serte sincera, un poco atontada y desorientada, pero siento un poder y una fuerza interior como nunca antes.

Su guía le explicó que su atontamiento y desorientación eran una cosa normal, el simple resultado de colocar sus partes por separado, analizarlas, limpiarlas y encajarlas de nuevo en sus respectivos lugares.

Ella respondió que no tenía idea de los lazos que ligaban todas sus vidas: el hombre de negocios de Venecia que ignoraba su familia, a causa de los negocios. El profesor de Lituania que se pasó la vida entera educando a niños de otros, sólo para descubrir, cuando ya era muy tarde, que lo que quería era tener sus propios niños.

—Por primera vez —dijo ella— vi el círculo de rechazo que yo misma forjé, pero ya no siento más el vacío. Yo soy una conmigo misma. Si hubiera sabido que era así de fácil, habría pedido ayuda antes.

El guía más joven, que presenciaba en silencio, habló por primera vez.

—La reintegración no es fácil, Clara. Alcanzar este nivel te llevó todos estos años y encarnaciones. No lo podrías haber hecho antes. Acuérdate de que es un paso a la vez. Las cosas pasan cuando deben pasar, ni un minuto antes ni un minuto después.

Ella asintió.

—Allí en la Tierra hay un dicho: conócete a ti mismo para después conocer a los demás. Ahora, por primera vez, sé lo que eso quiere decir. Yo realmente sé quién soy.

Los dos guías se miraron y sonrieron.

—Sí, conocerse a sí mismo es muy importante. Pero hay otra cosa que es tan importante como ésa —dijo el guía joven.

—¿Qué es?

Fue el guía más viejo el que respondió:

—Una vez que te conoces, necesitas amarte, con todos tus fallos, defectos y flaquezas. Sólo después de aceptar tus defectos podrás liberarte de ellos. Ámate a ti misma, y amarás el yo que encontrarás en los demás.

Ella estuvo de acuerdo.

Todos reflexionaron sobre esa revelación, por algunos momentos. Yo también. Conoce quién eres, lo que eres y de lo que formas parte. Entonces ámate a ti mismo, con tus defectos, insignificancias, cualidades y virtudes. Cuando lo hagamos realmente, habremos dado un gran paso en dirección al hogar.

Clara preguntó a sus guías qué vendría a continuación.

El más joven respondió:

—Examínate, pero no como la Clara de la última encarnación, sino como un espíritu entero que se ve por primera vez. Creo que encontrarás tu respuesta.

Ella sonrió. Todos sonreímos. Clara se quedaría con nosotros durante un buen tiempo.

Maryanne llega a los prograr
Maryanne llega a los programas de televisión
Maryanne llega

Me gustaba Maryanne, tan despierta y llena de vida. Sobre todo, me hacía reír.

Recuerdo una conversación especial que sostuvimos. Fue el día que decidí cambiar el juego. Nos citamos cerca de su facultad (creo que ésta es la mejor manera de describir aquel lugar, en la zona astral), donde estudiaba la historia. Por algún motivo, a Maryanne le atraía el asunto, y ya destacaba en la materia.

Estábamos en el gran patio central, un lugar donde los estudiantes se reúnen para hablar y discutir. El patio estaba rodeado por esferas de aprendizaje. Era un lugar tranquilo, cubierto por las copas de los árboles.

Me senté en el césped y después ella llegó.

—Hola, Robert. Con esa ropa pareces un viejo retirado que no tiene nada que hacer.

Llevaba puestos mis jeans azules, una camisa de cuadros del mismo color y una gorra de béisbol de los Yankees de Nueva York. Aquí las ropas cambian según el humor del espíritu. Creo que estaba con el talante de un viejo retirado porque, al observarme, me di cuenta de que ella tenía razón.

Maryanne había cambiado. Ya no era aquella chica malhumorada, sino que se había convertido en una muchacha madura y bonita. Su holgado manto rojo era una prueba de su evolución espiritual; la mayor intensidad energética de su aura demostraba que había abandonado la mayor parte de aquella carga negativa que había cultivado en la Tierra.

—Es un placer volver a verte, Maryanne. Tú siempre tienes una palabra bondadosa para apaciguar a un alma cansada.

Ambos nos reímos, y entonces le pregunté por qué quería verme.

—Por ningún motivo en especial... Es que no te he visto desde hace tiempo. Echaba de menos nuestras conversaciones.

Sin pausa, me habló de sus estudios y de su fascinación por la historia y la evolución de la esfera terrenal.

—Creo que hay alguna razón que explica mi atracción por la historia terrenal. Es como me dijiste una vez: "Nada sucede por casualidad". Bien, no necesito saber el porqué, sólo sé que me gusta mucho la historia. Nunca me imaginé que me gustaría, pero esta escuela es diferente. No hay presión. Aprendes porque quieres aprender y no porque tienes que aprender. Si lo que estudias es complicado, pues bueno, no te sientes un idiota. Aprendes a tu ritmo. No hay presión, evaluación y no se repiten los cursos.

Ella me preguntó cuáles eran las novedades. Bromeando, le dije que me sentía como un viejo retirado. Luego le dije que tenía trabajo con un espíritu nuevo, que acababa de llegar. Su nombre era Ernst y que su trato había acabado con mi energía. Cuando le hablé de él, Maryanne me dijo que había oído hablar de los nazis.

—Hoy en día se les llama *skinheads* y tienen mucho que aprender.

—Maryanne, ¿te has dado cuenta de que cada vez que nos juntamos me preguntas un montón de cosas? Bien, hoy me gustaría hacerte algunas preguntas.

—¡Dios mío, una encuesta! ¡Eso está de sobra! Justo lo que me hacía falta.

Le expliqué que no se trataba de una encuesta, sino que sólo era una curiosidad mía.

—Pon a un viejo de buen humor — añadí—. Tú ya estás aquí desde hace algún tiempo, y empiezas a aprender la razón de la vida. Una vez que estudias estas cosas, sería interesante intentar algo.

—¿Qué, por ejemplo?

—Supón que encarnaras de nuevo y no perdieras la conciencia y la lucidez que conseguiste aquí. Retornarías con la misión de compartir tus experiencias con las almas terrenales...

Sonrió y me preguntó si ella sería un profeta.

—En cierto modo —respondí.

—Eh, eso me gusta... Profeta Maryanne. ¿Voy a poder levitar, tener visiones y entrar en trances?

Ambos nos reímos. Le dije, en tono de broma, que si hiciera eso, alguien la llevaría a un hospicio.

—En realidad, sólo tengo curiosidad por saber cómo lidiarías con ciertas cuestiones. Eso me serviría también en mi jornada.

Ella afirmó que estaría encantada de ayudarme.

—¡Muy bien! El asunto es el siguiente: tú estas de regreso en la Tierra y predicas sobre la vida que existe de este lado.

Explicas que la vida después de la muerte es diferente de lo que la mayoría de las personas se imagina, y de lo que los religiosos más tradicionales presumen. Hablas sobre la reencarnación, el karma, el darma y de todas las verdades que aprendiste aquí. Te conviertes en una celebridad y, como hablas bien, te invitan a uno de esos programas tontos de debate para una entrevista. En ese *show* hay otros invitados que no están de acuerdo contigo. A los productores de esos programas les gusta hacer eso, porque así surgen las discusiones y las peleas, lo que les garantiza audiencia. No te olvides de los oyentes; ésa es la parte más divertida. Ellos están más locos que los invitados.

Entendió lo que le quería decir. Entonces creí que estábamos preparados para comenzar.

—Espera un minuto, Robert. Antes de empezar, hay algo que necesito saber.

—¿Qué?

—¿Me van a hacer una gran presentación en ese programa o sólo voy a entrar en el escenario y me voy a quedar sentada?

—Contarás con una gran presentación. Como dicen en la televisión, vas a ser la invitada especial de la noche.

Eso le gustó y pidió hacer su propia presentación.

Y empezó:

—Para empezar, le van a dar un primer plano al presentador del programa. Tendrá la expresión de quien quiere decir: "Ustedes no van a creer esto, pero les voy a ayudar a entenderlo". Comienza el programa hablando de mí: "Maryanne es del sur de California y ahora provoca mucha controversia por allí. Parece que nuestra primera invitada (que soy yo) no cree en el cielo ni en el infierno". En ese momento, se vuelve hacia mí y pregunta en un tono dramático: "Si no existe el cielo ni el infierno, ¿dónde está esa vida después de la muerte de la que tanto hablas?"

Maryanne advirtió que el presentador le iba a hacer preguntas capciosas, con el fin de provocarla e intentar tenderle una trampa.

Prosiguió:

—Los presentadores tienen mucha facilidad para hacer eso, Robert. Pueden preguntarte algo tan sencillo como la hora, pero su voz sugiere que hay una respuesta secreta que sólo ellos conocen.

Le pregunté su argumento para lidiar con el asunto de "la vida después de la muerte".

Maryanne respondió que empezaría diciendo que el mundo astral está a nuestro alrededor.

—Cuando nuestro cuerpo deja de hacer lo que acostumbraba y muere, nuestro espíritu, o alma, lo abandona y pasa a otra vibración. En verdad es sencillo. Nuestra vida continúa en otro nivel, y éste varía de un alma a otra. ¿Dónde se localiza esa vibración? Bien, si pudieras sintonizarla, la verías en cualquier lugar, a tu alrededor. Es como un crucero en un trasatlántico. Imagínate de visita al muelle para despedir a unos amigos. Ellos, al igual que otros cientos de pasajeros, se embarcan en ese navío para hacer un crucero por el Caribe. El navío, lentamente, deja el puerto y navega en dirección al horizonte. Cada vez, la embarcación se hace más pequeña, hasta que termina como un punto minúsculo. Entonces, el navío y sus pasajeros desaparecen. Pero, ¿desapareció realmente? Por supuesto que no. Todavía está allí, aunque ya no lo veas. Un radar podría localizarlo. Algunos días después sucede lo contrario. El navío aparece como un punto en el horizonte, y después se hace cada vez mayor hasta que regresa al muelle. La muerte es así. Nosotros entramos simplemente en una dimensión que desde la Tierra no conseguimos ver.

Maryanne dijo que el presentador la provocaría con su siguiente pregunta.

—¿Nos quiere decir que la muerte es como un crucero por el Caribe?

Después afirmó que el auditorio se iba a reír mucho de la viveza del presentador.

—En realidad, no. Un crucero es una forma de pasar las vacaciones durante nuestra vida, en la Tierra. La muerte es el renacimiento en la verdadera vida espiritual. La vida terrenal no es más que una ilusión que prepara y desarrolla al alma para su verdadera existencia.

—Bien, Maryanne, eso es muy interesante, pero tenemos que hacer una pausa para la publicidad. Cuando volvamos, el reverendo William T. Robeson estará con nosotros. Puedo apostar que él tendrá algunas preguntas para usted.

Entonces la interrumpí.

—Maryanne, déjame hacer el papel del reverendo. Tú no puedes ser la invitada y el inquisidor al mismo tiempo.

Ella aceptó, pero dijo que, probablemente, el reverendo hablaría con un acento del sur, y que entonces tendría que hacer mis preguntas con ese acento.

—Para que parezca real —me propuso.

A Maryanne le gustaba todo esto. El reverendo Robeson era un predicador muy astuto. Vestía un traje azul oscuro, una camisa azul clara y una corbata de seda roja. Tal reverendo bien podría ser un banquero con una oficina en Wall Street, en

Nueva York, pero la sonrisa lo delataba. Tenía una sonrisa permanente y, como todos sabemos, los banqueros de Wall Street no sonríen.

Entonces, me transformé en el reverendo Robeson: con las uñas perfectamente cuidadas, ojos azul oscuro, un poco calvo y con los cabellos grisáceos y, claro, la sonrisa permanente. Pero no se confundan; el reverendo está allí, en el *show* y prepara la artillería contra Maryanne.

Estaba a punto de terminar el comercial del detergente "suave para tus manos". Durante el intermedio, el reverendo se sentó al lado de Maryanne, con la brillante sonrisa como compañera.

El presentador estaba junto al auditorio; adoptaba una postura que mostraba una total concentración e interés en los invitados. En el auditorio, había un clima de expectación y alborozo. Era el reverendo contra esa predicadora del sur de California, de la que tanto se hablaba. El auditorio estaba formado por algunos turistas, y sentían el olor a sangre en el aire; de algún modo, se trataba de un moderno circo romano.

El presentador comenzó:

—Estamos de regreso. Tal y como prometí, aquí tenemos al reverendo William T. Robeson. El reverendo Robeson no necesita de ninguna presentación, pues es conocido en todo el país por su programa semanal en la televisión, y por sus programas de radio. Entonces, reverendo, ¿por qué no empieza usted haciendo una pregunta a Maryanne?

El reverendo buscó la cámara que lo enfocaría. Con un aire serio y sincero, encaró a la lente y, en su lento pero preciso modo de hablar, comenzó lo que consideraba un exitoso interrogatorio.

—Bien, escuché detrás del escenario lo que la muchacha ha pregonado por el país. Tengo la seguridad de que ella es una persona sincera y bien intencionada. Pero está equivocada... Señoras y señores, ella está más que equivocada. Y me atrevo a afirmar que es peligrosa. Toda su herejía sobre un mundo sin cielo, sin infierno, sin pecado y sin un día del juicio... Eso va contra todas las enseñanzas cristianas y desafía a las mismas palabras de la Biblia.

Volviéndose hacia Maryanne, el reverendo juntó sus manos, como si fuera a rezar, y añadió:

—Por favor, no tome esto de manera personal. Pero tengo que alertar al pueblo estadounidense y al mundo. La Biblia nos alerta de las cosas que has dicho. Eres uno de los falsos profetas que Dios predijo aparecerían en los últimos días, fingiendo hablar en su nombre, pero que, en realidad, son mensajeros del demonio. Señoras y señores, ella es, ni más ni menos, que el demonio disfrazado.

Dejé mi papel de reverendo y pregunté a Maryanne cómo iba a lidiar con ese predicador. Ella me miró y me dijo, ya con una respuesta entre labios, que esperaba su turno.

Pero antes tuvimos que esperar a que el auditorio se calmara. Ese conjunto de tumultuosos abucheos y aplausos es lo que hace buenos esos programas.

Después de la pausa necesaria, Maryanne empezó a hablar, con el propósito de quitarle sus ínfulas al reverendo.

—Bien, la Biblia nos alerta contra los falsos profetas pero, ¿qué dije yo que contradijera a la Biblia? Si usted realmente escuchó lo que prediqué, entonces me escuchó decirle a las personas que procuraran una vida dentro de la moralidad, la justicia y la decencia. A decir verdad, reverendo, hablé de una responsabilidad mucho mayor de la que usted tiene. Nunca afirmé que nosotros podemos eliminar nuestros fallos por medio de los rezos; por el contrario, nosotros tenemos que esforzarnos en superarlos. Nunca aseguré que la salvación era algo sencillo, que podría conseguirse con una mera llamada de teléfono, dije que la salvación era un camino que nosotros labramos solos, y que cada quien encuentra su camino en su momento oportuno. Cada acción tiene un efecto, lo que crea un resultado que necesita ser experimentado. Mi camino es el difícil, no el fácil. Los tan llamados falsos profetas son aquellos que venden y lucran por medio del camino fácil.

La sonrisa había desaparecido del rostro del reverendo. Ahora tan sólo era el banquero de Wall Street que protege sus intereses. Como una cobra que prepara su ataque, llamó a Maryanne blasfema y afirmó que la única salvación era por intermediación de Cristo. Y continuó:

—Jesús vino a la Tierra como un ser humano. Nos ordenó que siguiéramos su camino, y no cualquier camino personal, para la salvación. Deje de cambiar sus palabras sagradas, muchachita, y cuente la verdad, o su alma será condenada para toda la eternidad.

Ahora era Maryanne quien buscaba la cámara, y hablaba directamente a millones de telespectadores.

—Escuche, Jesús vino para mostrarnos el camino, y cualquier persona que haya leído sobre él, sabe que éste no es fácil. El camino de Jesús es mucho más difícil que el que veo en el mapa del reverendo Robeson. Usted no puede comprar un pedazo del paraíso y, aunque su farsa pueda generarle grandes contribuciones, no comprará ni siquiera una baldosa, porque en el cielo no hay baldosas, ni nubes ni arpas. Sólo existe el perfecto amor, armonía y unión con nuestro creador. Las contribuciones en dinero no pueden comprar esa unión. Necesitamos ser como Cristo para conseguir la armonía con la creación. Cristo fue enviado aquí como un profesor, un ejemplo y una luz que nos guía. Él se encarnó para mostrar el potencial que hay dentro de cada uno de nosotros. Por consiguiente, no es suficiente con decir: "Estoy de acuerdo con lo que Cristo predicó y lo acepto". No, nosotros tenemos que decir: "Yo soy Cristo", porque él vivió encarnado como nosotros, y superó la tentación, la injusticia, el odio y la envidia. Venció al mal. Si él lo consiguió, nosotros también podemos. Sólo hay que obrar como él obró.

El presentador iba a decir algo al auditorio y a los telespectadores, pero ella no le dejó tiempo y continuó:

—Juzguen por sí mismos. Cristo vino a este planeta, al igual que Buda, Mahoma y Krishna, para abrir nuestras mentes, no para cerrarlas. Cuando usted escuche a alguien predicando algo como: "¡Mi camino es el camino correcto!", puede tener la seguridad de que está escuchando a un falso profeta. Jesús nunca pidió una obediencia ciega, porque él sabía que cada uno debía llegar a él por cuenta propia. Cuando escuche a alguna persona que condena a una raza, a una religión o una idea, porque no concuerda con su credo, entonces es cuando usted necesita estar realmente alerta, porque esa persona es un falso profeta. Siempre que alguien le diga que no lea algo o no haga algo, no confíe en esa persona. Ahora soy yo quien da la voz de alerta: cuidado con los falsos profetas. Jesús vino para liberar nuestras mentes, no para dominarlas. Tengan cuidado con aquellas personas que juzgan a los demás en nombre de Dios porque ellos son los más blasfemos de todos.

Imaginé que, en caso de que se tratara de un auditorio real, estaría en silencio ahora, porque sus palabras provocarían eco en sus almas.

Entonces le dije a Maryanne que estaba muy orgulloso de ella.

Ernst

Ernst y Kim Songh

Ernst y Kim Songh

No veía a Ernst desde hacía mucho tiempo. Después de haber abandonado el vacío, decidió dejar que sus vibraciones lo llevaran para donde quisieran. A su favor, Ernst ya no acudió con sus antiguos camaradas nazis. Decidió, por el momento, quedarse solo.

Hablé con él al final de su jornada, y la conversación fue diferente a la última que tuvimos. De Ernst, me atrajo la misma fuerza que guía todas nuestras vidas. Era el momento y la hora adecuada. Nos encontramos en un monte alto y cubierto de césped, desde ahí se vislumbraba una planicie interminable. El cielo y la tierra se extendían más allá de la vista.

Al hablar conmigo me sonrió, y percibí que se había producido en él un profundo cambio.

—¡Eres tú! No pensé que nos encontráramos de nuevo. Aquí estamos, justo donde empezamos.

—En realidad no, Ernst. Nada es como era. Tú cambiaste, yo cambié, y la creación también. Nada sigue igual. Pero, en cierto modo, tienes razón. Estamos en el lugar desde donde partimos y desde donde empezaste tus viajes. Quizá es en este lugar donde inicia una nueva jornada para ti.

Me di cuenta de que él quería hablar y, claro está, yo estaba dispuesto a escucharlo. Mi misión con Ernst no había terminado. En realidad, apenas comenzaba.

Comenzó a hablar de sus viajes:

—Tengo que admitirlo: tenías razón sobre muchas cosas, Bob. Al ir de un lugar a otro, al poco tiempo empecé a sentir una presencia. Siempre estaba allí, aunque fuera de mi alcance. La presencia de Dios, pero como un faro distante. Podía sentir el calor de sus extremidades aunque, por mucho que lo intentara, no conseguía acercarme.

Saber, pero tener negado lo que se sabe. Eso es el infierno.

Él continuó:

—Al cabo de un tiempo desistí. Caramba, si Dios no quería nada conmigo era porque yo, con seguridad, tampoco quería nada con él. Volví a mi antiguo modo de vida, y empecé a buscar a mis amigos. Pero algo me lo impidió. Me mostraron, no sé cómo, pedazos de mi vida en la Tierra. Al principio me sentí orgulloso de lo que había construido: una organización fuerte, disciplinada y eficiente. Edifiqué mi propio universo. Yo era su fundador. Entonces lo reconstruí. Con mi fuerza de voluntad, vivía en la vibración de mi propia creación. Una creación completa con botas militares, desfiles y uniformes negros. Vivía en ese mundo, solo, y estaba satisfecho.

Ernst dijo que se quedó en ese estadio por un tiempo, pues encontró satisfacción y felicidad. Sin embargo, un día cambió la vibración. Empezó una nueva vida.

—Un día, me desperté en medio de un denso bosque. Al suelo lo cubrían puntiagudas hojas de pino, lo que me trajo a la memoria los bosques de Alemania. Reviví mis primeros días en la ss, cuando empezaba a pensar en el poder. De repente, una mujer apareció a mi lado. No me di cuenta de su presencia, hasta el mismo momento en que ya estaba allí. Era una oriental, no muy bonita, una mujer común que no tenía más de veintidós o veintitrés años. Me preguntó si se podía sentar a mi lado. Había viajado mucho y necesitaba descansar.

Ernst le advirtió que no quería que lo molestaran pero, como no tenía ninguna elección, dejó que se sentara allí contra su voluntad.

—Ella se quedó un rato, recostada en un pino. Cerró sus ojos y creí que dormía, cuando de repente me hizo una pregunta.

—¿Tú sabes cómo salir de aquí? Creo que estoy perdida. Llevo andando tanto tiempo sin rumbo, buscando una salida. Eres la primera persona que me encuentro. ¿Eres de aquí?

Ernst me confesó que aquella pregunta le hizo caer en la cuenta de que ni él mismo sabía cómo había llegado y, mucho menos, dónde estaba la salida.

Tal cual lo expuso.

—Ah, entonces tú debes ser como yo —respondió ella.

—¿Qué quieres decir con eso? ¿Yo soy como tú?

—Vago sin rumbo, soy un alma que busca su camino. Todavía no lo he encontrado, pero creo que es importante hallar la salida de este bosque. Estoy cansada de buscar.

—¿Pero tú sabes quién soy yo?

—No. ¿Debería saberlo?

—Bueno, depende. ¿Cuándo dejaste la Tierra?

Ella le dijo que, realmente, no lo sabía, pero creía que no hacía mucho tiempo. Ernst le preguntó si fue antes o después de la guerra.

— Ah, la guerra... Fue durante la guerra. Mi marido murió a consecuencia de ella. Murió quemado cuando los estadounidenses rociaron mi aldea con gasolina. Luchó al lado del Viet Cong y acabó muerto.

Ernst me dijo que no tenía la menor idea de qué era el Viet Cong, pero que entendió que ella hablaba de una guerra distinta, en un lugar diferente. Me confesó que se sintió un poco desencantado. Quería ver la reacción de la mujer al encontrarse con una personalidad tan famosa como él.

Mientras tanto, la chica siguió hablando. No reparó en la reacción de Ernst.

—Después de que murió mi marido, corrí de aldea en aldea. Al final me establecí en un lugar llamado My Lai, donde me encontré con mi madre. Ella tenía una casa pequeña, y entonces me mudé allí. La vida no era tan mala en ese lugar. Teníamos un pequeño jardín y algunos cerdos y pollos, lo cual era mucho comparado con lo que poseían nuestros vecinos.

Ernst le dijo que no estaba interesado en su historia, pero aun así, ella continuó:

—Un día llegaron los soldados estadounidenses.

La mujer estaba acostumbrada a esa rutina: los soldados estadounidenses que iban y venían a través de las aldeas de su devastada tierra. Un día era el Viet Cong, al otro eran los survietnamitas. Aquel día, sin embargo, fueron los estadounidenses. Continuó:

—Nunca había visto a los soldados estadounidenses tan cerca. Eran grandes. Entraron apresuradamente en la aldea y bloquearon la salida por los dos lados. Mi madre y yo corrimos adentro de la casa y atrancamos la puerta. Afuera escuchábamos los gritos en las calles y el tiroteo. Nos quedamos dentro de nuestra única habitación, temblando y rezando para que se fueran. Pero no fue así.

Ella le dijo a Ernst que los corpulentos soldados derribaron la puerta de la cabaña, a patadas, y las encontraron agachadas en una esquina.

—Aquellos soldados estaban nerviosos y asustados. Me parecían como demonios. Uno de ellos me apuntó con su arma alargada, mientras que otro empujó a mi madre fuera de la cabaña. Yo la escuché llorar y gritar. Yo no pude ayudarla porque un soldado estaba de pie, a mi lado, mientras apuntaba hacia mi cabeza. Escuchaba los gemidos de mi madre mientras la pateaban. Dispararon las armas y escuché el chidillo de los niños y bebés, y a mis vecinos implorar y gritar. De repente, ya no oí más.

Ernst callaba.

Toda la aldea quedó en silencio. El único sonido que la mujer podía escuchar era el latido de su corazón. El soldado que estaba a su lado gritó algo a sus compañeros que estaban afuera. De inmediato, entraron dos más en su cabaña.

—El que permanecía de guardia dejó su arma en el suelo y se empezó a desabotonar el uniforme. Sabía lo que sucedería. Primero él, y después los otros dos.

Cuando terminaron, los soldados estadounidenses la dejaron temblando en una esquina de su morada, en la silenciada y agonizante aldea de My Lai.

—Sentí vergüenza. Deshonra. Soledad. Mi madre yacía en el jardín, con una bala en el pecho. Nuestros vecinos, tanto los niños como los hombres y las mujeres, todos muertos. Nadie se salvó. Sólo yo. Quedé completamente sola y no deseaba vivir más. La guerra se había llevado todo lo que amaba: a mi madre, mi marido, mi lugar. Ya no me quedaba nada. ¿Para qué seguir?

Entonces le contó que utilizó una navaja para cortarse las venas.

—Recuerdo cuando abandoné mi cuerpo, elevándome por encima del charco de sangre que me rodeaba. En el momento del ascenso, distinguí mi aldea y los cuerpos de mis vecinos y amigos desperdigados por las calles, en las cunetas y los jardines. Subí cada vez más, hasta que vi una luz.

La joven dijo a Ernst que aquella luz la reconfortaba y la acogía con amor. Sin embargo, la luz le señaló que había cometido la mayor trasgresión de todas: el suicidio. Aquella luz, agregó ella, hablaba sobre cosas que no entendía.

—Yo era una campesina en un pequeño y recóndito país. Mi vida era sencilla. No sabía nada sobre el destino o el karma. La luz me dijo que había interferido en mi destino al acabar con mi existencia. Todas las lecciones y pruebas que debería haber aprendido en la Tierra, debo aprenderlas aquí. No entendí, pero la luz me dijo que, con el tiempo, lo comprendería.

Ella añadió que, de repente, se encontró en un bosque y que no conseguía acordarse del camino por el que había entrado. Por un buen tiempo, buscó afanosa la salida.

Al reflexionar sobre eso, Ernst confesó que tampoco sabía cómo había ido a parar allí.

—Ni estamos aquí por casualidad ni nos hemos encontrado tú y yo por casualidad —le dijo a ella—. Si algo he aprendido es que nada sucede sin alguna razón.

ERNST Y KIM SONGH   167

Al decir eso, él le contó su historia.

—Yo también fui un soldado. Pero no como tus estadounidenses. No combatía en batallas. Era un comandante. Mis soldados eran como los que entraron en tu aldea: brutos, crueles y eficientes. Entrené a mis hombres para matar.

La joven movió la cabeza y preguntó el porqué:

—Creía que tenía razón. Mi país fue derrotado y humillado. Nosotros teníamos la misión de recobrar el orgullo y la disciplina. Nuestra nación y nuestro pueblo tenían la sagrada misión de quedar limpios de las influencias extranjeras. Tu marido murió en la lucha contra los invasores extranjeros, ¿no fue así? ¿No entiendes? Nosotros estábamos en medio de una guerra santa. Entramos en guerra para preservar nuestro carácter nacional, nuestra cultura y nuestra raza. La raza aria está destinada a gobernar el mundo y a restaurar la disciplina, el orden y los valores morales.

Entonces la joven preguntó qué era la raza aria. Ernst se irritó.

—¡No interrumpas! ¡Déjame continuar!

Habló sobre las conquistas y de cómo las traiciones y debilidades llevaron a su país a perder la guerra. Su líder había muerto, la sede de su gobierno estaba completamente destruida y él, Ernst, prefirió morir antes que vivir en una Alemania derrotada.

—Yo también puse fin a mi vida. No con una navaja, sino con una píldora. Preferí morir con mis propias manos antes que morir a manos de los vencedores.

—Ahora entiendo. Cometiste la misma trasgresión. Tal y como yo lo hice, también interrumpiste tu destino. Buscas la salida de este bosque.

Sonriendo con un aire de superioridad, Ernst le dijo a ella que estaba equivocada.

—No, querida mía, no soy como tú. Yo no fui víctima, yo fui conquistador. Yo mandé. Tú, por el contrario, sólo te quedaste a la mitad del camino. Yo hice historia. Tú ni siquiera formaste parte de ella. Tú fuiste una mera campesina que vivía en una aldea aislada, en medio de un país subdesarrollado. No quieras compararte conmigo.

Ella no discutió. Tal y como había dicho Ernst, era una simple campesina de un país subdesarrollado. Sin sentirse ofendida o con rabia, extendió sus brazos y lo consoló.

—Pero estamos en el mismo lugar, ¿no?, por el mismo motivo. Ambos estamos perdidos y solos.

Ernst me dijo que no respondió. Entonces, le preguntó desde cuándo estaba ahí.

—No lo sé. Aquí no existe el día y la noche. Sólo la oscuridad del bosque y la luz que viene de allí arriba. ¿Notaste la luz? Este bosque no es como los de la Tierra, porque la luz siempre está presente. Pero sé decirte de dónde viene la luz.

Ernst se impacientaba cada vez más.

—Afirmas que no hay entrada ni salida. Ah, eso es imposible. Ya no quiero quedarme más aquí. Tú, si quieres, puedes venir conmigo o quedarte, pero yo ya me voy. ¿Entonces qué?

Ella suspiró profundo y mostró su cansancio. Su rostro tenía la expresión dolorosa de alguien que sabe más, pero que el cansancio le impide discutir.

—No sé por qué nos conocimos. Pero lo que ahora sé, es que no vamos a salir de este bosque hasta que no descubramos por qué estamos aquí. Creo que llegaremos a saber el motivo, lo mismo da sentados que andando. Eso no cambia nada. Si lo que quieres es andar por estas veredas que no conducen a ninguna parte, iré contigo. No tengo ninguna voluntad o deseo. Sólo quiero sobrevivir.

Ernst estalló de nuevo. En su voz había mucha rabia.

—Mujer, yo ni siquiera sé tu nombre, pero sé que no tenemos absolutamente nada en común. Yo fui un líder mientras que tú no tuviste ni el coraje ni la convicción para serlo. Necesito seguir. Tengo que abandonar este bosque y encontrar el lugar que me pertenece. Únete a mí si lo deseas, pero deja ya toda esa charlatanería sobre las cosas en común. Nosotros no tenemos nada en común.

Ella respondió que su nombre era Kim Songh, y agregó:

—Sí, nosotros no somos iguales, pero tenemos una cosa en común: nos suicidamos. Fuiste un conquistador que se convirtió en conquistado. Te mataste porque temías tu destino. Yo también fui conquistada y, en la desesperación, me quité mi vida. Quiero salir de este lugar, pero sé que sólo podré hacerlo cuando mi espíritu esté preparado. No te voy a seguir porque nunca más voy a seguir a nadie. Pero te voy a acompañar, porque siento que tengo que hacerlo.

Ernst siguió callado. Entonces empezaron su jornada por el bosque. Poco después descubrió lo que Kim Songh ya sabía: el bosque era infinito, sin sonidos y sin noches. Pero terco como era, persistió en la búsqueda de una salida. Kim permaneció a su lado, a pesar de que sabía que era imposible salir de allí.

En todo ese trance siempre había una luz, una luz que no creaba sombras, infalible e inmutable.

Los años terrenales transcurrían de acuerdo con el incesante metrónomo del tiempo. Ernst y Kim permanecían en el bosque y, sin saberlo, a su alrededor la vida continuaba en otras dimensiones. Para ellos, todo lo que existía era el bosque. Sus vibraciones los tenían aprisionados.

Ernst seguía frustrado.

—No logro entenderlo. Ya recorrimos cada centímetro de este lugar y no hay ninguna salida. Ningún animal, ningún sonido, sólo esa luz. Si quieren que pase toda mi eternidad aquí, rodeado de estos árboles infernales, entonces que así sea. Pero esto es imposible de entender. ¿Cuál es el objetivo de todo esto?

Kim habló:

—Ernst, en vez de buscar una salida que no existe, creo que deberíamos tratar de entender qué hacemos aquí. Quizá entonces, en vez de dar tumbos entre los matorrales, comprendamos lo que este lugar puede ofrecernos. Además, los dos sabemos que no estamos en la Tierra.

Ernst sabía que ella tenía razón, pero nunca lo iba admitir.

—Entonces qué, campesina, ¿pretendes convertirte en la líder? ¿Qué es lo que sugieres que hagamos? ¿Plantar verduras?

Ella ignoró el sarcasmo:

—No, Ernst, yo no plantaría verduras. Seguro que ya sabes que no necesitamos alimentos para nuestros cuerpos, porque no los tenemos. Necesitamos un tipo distinto de alimento, un alimento para nuestras almas. Ese alimento está aquí, en algún lugar. Y nosotros tenemos que encontrarlo juntos.

Él cedió.

—¿Qué camino sugieres? Ya hemos andando por todas las veredas. ¿Adónde más ir?

Ella sonrió y dijo que la dirección no importaba.

—Vamos a mirar las sendas de un modo diferente. Tenemos que dejar de buscar una salida. Importa más la razón por la que estamos aquí.

Así, con Kim de líder, retomaron la senda que ya habían recorrido innumerables veces. Pero esta vez la jornada sería distinta. Sería el inicio.

Jeff

Jeffrey ha-

Jeffrey hace su elección

El guía de Jeffrey era un espíritu con mucha luz. Jeffrey estaba sentado en la biblioteca, al centro de una larga mesa de roble. Ambos conversaban sobre el tema de las elecciones.

—Cuando un espíritu nace en la Tierra, comienza su vida como un bebé. Un bebé no puede elegir porque depende por completo de sus padres. Cuando esos bebés se convierten en niños, empiezan a elegir. Con el transcurso del tiempo, crecen, maduran y se desarrollan, hasta convertirse en adultos. El menú de elecciones aumenta y la responsabilidad también. Tú ya no eres un niño, amigo mío, y ha llegado la hora de hacer una elección.

—Eso parece ser serio —respondió.

—Siempre lo es.

—Bien, sé que tengo que volver a la esfera terrenal. Como dicen allá: "¡lo puedo sentir en mi alma!" Ahora bien, ¿qué enfermedad es ésa que me va a matar?

El guía le dijo que iban a hablar sobre eso, dentro de poco.

—En este momento, quiero estar seguro de que entendiste el concepto de elección. Tu vibración ha abierto puertas que llevan a muchas posibilidades. Te puedes quedar aquí, de este lado —con la mano indicó la biblioteca—, buscando lo que esta dimensión puede ofrecerte en cuanto a enseñanzas y conocimientos. Puedes elegir una encarnación en otra dimensión, o volver a la Tierra. Cualquiera de estas elecciones es válida. No te puedo decir lo que tienes que hacer. Soy como el padre terrenal que ya no puede mandar a su hijo, porque éste ya es un adulto. Sólo te puedo aconsejar. Por lo tanto, me gustaría mostrarte otra elección, a sabiendas de que la decisión final será tuya.

—Como dije, parece serio.

—Y, como te respondí, siempre lo es.

—Continúa.

Su guía era un alma gentil. Ahora hablaba de la creación, cómo evoluciona y se desarrolla constantemente. La Tierra es parte de la creación y se están produciendo grandes cambios. Un punto crucial en su evolución está próximo.

—En la Tierra, las almas se dan prisa en expandir y mejorar sus sistemas de comunicación, tecnología e información. Reciben ayuda e inspiración de muchos espíritus de este lado. No obstante, las personas en la Tierra se aíslan, se están olvidando de su humanidad, de sus vínculos comunes, de la unión de los unos con los otros y con Dios.

El guía explicó entonces que, además de trabajar con Jeff, él, junto con otros, estaba profundamente comprometido con la evolución espiritual de la Tierra.

—La evolución y el desempeño espiritual exigen un esfuerzo mucho mayor que el simple hecho de ir a una iglesia o a una sinagoga. Los seres humanos necesitan reconocer el alma que llevan dentro de sí mismos, y aprender a ver la creación

JEFFREY HACE SU ELECCIÓN   175

con los ojos del alma. En la Tierra hay mucha división: hombres contra mujeres, hijos contra padres, negros contra blancos, religión contra religión. Tienen que eliminarse el miedo y la rabia que ahora dominan a los seres humanos. Eso sólo ocurrirá cuando descubran que, en cada persona, hay un alma eterna en evolución y que un día ella va a encontrar la luz.

Jeff interrumpió para manifestar su conformidad con el guía.

—Las almas terrenales quedan atrapadas por sus diferencias, en vez de abrazar las semejanzas que hay entre ellas.

El guía continuó:

—La Tierra ha alcanzado un punto en el que necesita alimento espiritual. Las antiguas fórmulas no llenan el vacío de la mente humana. Los antiguos proverbios no apaciguan sus miedos e incertidumbres. Los antiguos sermones y discursos ya no sirven para confortar al inquieto y ansioso espíritu humano. Como siempre, los cambios en la esfera terrenal no se producen fácilmente.

La biblioteca estaba en calma. Jeff pensaba en las palabras de su guía.

Pasaron algunos minutos sin que ninguno de los dos hablara. Por fin, Jeff rompió el silencio con una pregunta.

—Ese asunto del sida forma parte de esa tormenta de cambios, ¿verdad?

—Con otra expresión, amigo mío, digamos que está en el centro de esa tormenta.

—¿Cómo? ¿Por qué?

La curiosidad de Jeff se había despertado y quería saber más.

—Debido a esa enfermedad, los prejuicios, miedos y todas esas divisiones sobre las que hablamos van a pasar a ser el centro de atención. Los predicadores dirán, en sus iglesias, que el sida es un castigo de Dios, condenando a todos aquellos que estén infectados. Los vecinos van a evitar a los vecinos y las familias se van a desintegrar. Políticos oportunistas aislarán a los infectados, y tendrán la idea de recluirlos en campos de concentración, aislándolos del resto de la sociedad.

—¿Y tú quieres que muera de esa enfermedad? ¿Por qué? ¿De qué va a servir eso?

—Tu muerte no va a cambiar nada. Pero sí tu vida, si tomas las decisiones correctas a lo largo del camino.

Jeff pidió a su guía que se explicara mejor.

—El sida no va a ser una plaga o un castigo de Dios. El sida tendrá un agente que obligará a los seres humanos a verse los unos a los otros como realmente son. A esa enfermedad la llamarán "peste *gay*", porque en un principio va a infectar sólo a los homosexuales masculinos. Pero, más tarde, la contraerán los africanos negros; después los adictos a las drogas, y otros. El prejuicio, el odio y el miedo se unirán en torno a una palabra: sida. Todos aquellos que estén infectados morirán. Los investigadores no encontrarán una cura rápida y no habrá un tratamiento fácil.

—Se parece a la peste negra.

—El sida será diferente. Muy diferente. La peste negra fue una epidemia rápida que no se extendió tanto, pero el sida implicará un abandono lento y público de la vida. Ahora, amigo mío, llegamos a ti. Me gustaría que te embarcaras en la siguiente misión: elige la vida de un homosexual masculino, inféctate de esa enfermedad y sufre una muerte pública. Con los conocimientos que adquiriste, puedes formar parte del plan divino para justificar la razón de esa enfermedad. Vive tu vida con dignidad y traspasa esa dignidad al pueblo. Despierta sus almas para que se liberen de las corrientes que las apresan. Ayúdalos a superar las diferencias que los dividen.

—Parece ser algo difícil, pero importante. Sé que en mi última encarnación, como Peter, tuve una misión parecida. Entonces no logré éxito, y eso que no tenía que lidiar con esa historia de ser *gay*. No obstante, creo que me lo merezco. La última vez lo arruiné todo y acabé por tomar el camino más fácil.

El guía respondió irritado:

—¿No has aprendido nada aquí? Nosotros no somos juez y jurado. Concuerdo contigo en que no cumpliste con la promesa en tu última encarnación. Te engañaste a ti mismo y a otros que necesitaban una luz para llegar a la verdad. Pero quiero que sepas que "esa historia de ser *gay*", como dices, es irrelevante. La enfermedad no es tu castigo. Por favor, no te des tanta importancia.

Jeff bajó la cabeza. Sabía que su guía tenía razón. La última vez su misión había sido enseñar y traer luz a las vidas comunes. Pero en vez de eso, escribió comedias para la televisión y la radio que satirizaban las vidas comunes motivo de su interés.

—Tienes razón. Lo siento mucho —suspiró—. Sé lo que debí hacer. Las elecciones eran claras. Mi espíritu va a crecer a partir de las pruebas que tendré con esta nueva encarnación. Siempre hice discursos bonitos en este lado, y mis intenciones siempre fueron las mejores. Pero en cuanto entraba en un cuerpo, tomaba los caminos más fáciles. Rezaba para no fallar, pero lo hacía de nuevo. Bueno, vamos a seguir.

Jeff estaba listo para "hacer el contrato" de su próxima encarnación. Esto consiste en un ajuste entre el karma y el darma de un alma y Dios. El contrato necesita estar en sintonía con las vibraciones del espíritu, con las vibraciones de la esfera terrenal y con la voluntad divina. Los tres necesitan estar en sintonía el uno con el otro, pues, en caso contrario, no sucede la encarnación. Todas las almas, antes de encarnarse, necesitan esa armonía.

Nada, ni siquiera el vuelo de un ave en el cielo, puede ocurrir si no forma parte del plan universal. La aprobación del contrato no ocurre por medio de un mensaje entre despachos. Simplemente sucede, como pasó en este caso.

El guía le dijo a Jeff que su espíritu estaba en sintonía con esa misión y entonces le explico por qué.

—Primero, hay empatía. Evolucionaste hasta un punto en el que ahora consigues, con facilidad, simplificar lo complicado. No eres un simple comunicador, también eres un filtro e instrumento. Segundo, no estás solamente en sintonía con el pueblo, tú eres el pueblo. Aprendiste las verdades más valiosas: nosotros somos un espíritu que pertenece al creador.

Jeff respondió que a aquellos que están en contacto con los pensamientos, los deseos y las necesidades del pueblo, los llaman demagogos. En su última encarnación, lo trataron de oportunista barato porque escribía comedias que hacían reír a las personas.

—Entonces dime, ¿qué debo hacer?

—Al contrario de la creencia popular, nosotros somos los guardianes de nuestros hermanos, amigo mío. Cuanto más rápido se desarrollan otros espíritus, más rápido nos desarrollamos todos nosotros. La esfera terrenal cambia, pero algunas almas terrenales quedan estancadas. Siguen reencarnándose porque no consiguen aprender una lección sencilla: todos nosotros somos espíritus divinos que compartimos un mismo creador y un mismo destino. Tienes talento, luz y habilidad para llegar a algunos de ellos. La vibración terrenal es densa y las palabras, por sí solas, no pueden atravesar el odio, los miedos y los prejuicios. La Tierra está preparada para aprender sobre la hermandad, el amor y la unidad de la creación. Tú no puedes sólo escribir sobre esas verdades, también necesitas vivirlas. El sufrimiento público te ayudará a llamar la atención de los otros hacia ti y hacia tu humanidad. Por medio de tus palabras, obras y acciones, podrás brillar a través del muro negro del prejuicio. Te corresponde impartir una lección sobre la unidad de todas las almas.

Jeff citó ejemplos de personas que intentaron vivir en conformidad con tales palabras y terminaron en el ridículo o sucumbieron bajo el asesinato.

—Supongo que ya has oído hablar de Jesús —bromeó.

Su guía respondió de manera sarcástica, diciendo que conocía a Jesús y que hasta se lo había encontrado algunas veces. Y continuó.

—Por una vez más, no estés tan convencido. No vas a tener la vida de un mártir. Serás un escritor homosexual derribado por una enfermedad que mata al propio cuerpo. Tú vas a escoger cómo vivir tu vida. Podrás hacerlo entre el lamento detrás de una puerta cerrada o mediante el enfrentamiento abierto contra la intolerancia, los prejuicios y el miedo. Podrás vivir con el sida de manera pública. Todos tendrán noticia de tu sufrimiento, o puedes esconderte y padecer una muerte sin sentido. Puedes compartir tus miedos y contarle a las personas los sueños que se acabaron, que ya no podrán realizarse. Puedes hacer eso, de modo que otros descubran su humanidad en tu propia persona. Otra opción es gastar tu vida de manera inútil, morir y volver aquí.

Una vez más, Jeff rezó para tener coraje. Su guía le recordó, de nuevo, que sólo él mismo podía superar las flaquezas de su espíritu. También le confirmó que si fallaba sería por la falta de coraje y fe.

—Siempre tomaste el camino más fácil porque tenías miedo de ser distinto, carecer de éxito y caer en el ridículo. Ahora, tu misión influirá en la humanidad y en el avance de tu alma. Una misión completa la otra. Éste es el proceso que debe seguir la vida en el plano terrenal.

El guía todavía habló sobre el destino y sobre cómo Jeff, o cualquier otro espíritu, podía cambiarlo.

—Nacer *gay* —dijo el guía— es tu destino en esta encarnación. También lo es morir de sida. El resto, amigo mío, depende de ti.

Borunda Ni ya no existe

Llega un momento en el que el espíritu sabe que debe progresar. Ese momento le había llegado a Borunda Ni.

Sus dos guías le comunicaron que sus vibraciones habían alcanzado tal nivel, que ya no era necesaria otra reencarnación en la Tierra. A pesar de todo, Borunda Ni fue inflexible: la Tierra era precisamente el lugar adonde quería ir.

—Aprendí mucho en la Tierra. Estoy seguro de que poseo más conocimientos que antes. Ahora, como nunca, sé que tengo que ayudar a los otros a progresar en su camino. Eso deseo.

Los dos guías le dijeron que si se quedaba aquí también podría ayudar a la humanidad.

—A fin de cuentas, exactamente eso hacemos, ayudar y nutrirte a ti como a otros espíritus. Si quieres ayudar, también lo puedes hacer desde aquí.

Borunda insistió. El brillo de sus ojos demostraba su confianza.

—Mi lugar no está aquí, al menos por ahora. Pertenezco a aquel lado, a la Tierra. Me siento atraído hacia allá, no a causa de su vibración, pues afortunadamente estoy libre de su influjo. Pero la Tierra es una gran escuela en la que muchos estudiantes repiten, año tras año. Mi elección es ayudar a esos espíritus a aprender sus lecciones. Es por esto que tengo que volver. Ése es mi deseo.

—¿Qué tienes en mente? —le preguntó el más joven de los dos guías.

—Aprendí que, para que un espíritu evolucione, debe ser lo suficientemente fuerte para la toma de decisiones. Nuestra evolución comienza cuando ejercemos la capacidad de elección. Incluso cuando nuestras elecciones sean equívocas, tenemos que aceptar sus consecuencias. Eso es la responsabilidad. Muchos espíritus no lo han aprendido, siguen las verdades de los demás en vez de buscar la propia.

Borunda continuó y refirió las necesidades de su propia alma.

—En mis otras vidas, nunca me vi obligado a elegir. Quiero ser tentado y tentar. Aprendí que el espíritu de Cristo, cuando estuvo en la Tierra, fue tentado por el mal. Jesús superó el reto y demostró la fuerza y el poder que brilla en cada uno de nosotros. Quiero poner a prueba mi conocimiento y conciencia ante las tentaciones de la Tierra. Si no lo hiciera, ese conocimiento y conciencia serían inútiles.

Explicó a sus guías que había estudiado los lugares de la Tierra en busca de una situación idónea para poner a prueba su alma.

Se trataba del oeste de los Estados Unidos. Describió el escenario donde creía poder ayudar a los demás a cumplir con su misión y, al mismo tiempo, enfrentar a su alma con las intolerancias de la Tierra.

—Hay un espíritu, en este lado, que quiere encarnarse en la esfera terrenal. El espíritu del cual hablo posee una gran luz y sabiduría. Pero, a pesar de todo, es débil. A ese espíritu lo conducen a aceptar una misión difícil y problemática; su misión redunda en su propio engrandecimiento, pero también en el engrandecimiento y progreso de la vibración de toda la Tierra.

El discurso de Borunda atrajo a su futura encarnación. Apareció un hombre joven que luchaba consigo mismo en el intento de una elección.

Ese joven podía ayudar a los demás a encontrar su camino, a través de las veredas ocultas de la Tierra. Antes, tendría que encontrar la fuerza y la fe para escuchar los llamados de su alma.

El joven fue educado por un padre severo. Borunda sabía que, en esa familia, todos estaban obligados a hacer sus propias elecciones. El padre tendría que escoger entre su propio hijo y sus prejuicios y creencias. La elección de la madre estaba entre el hijo y el marido.

—Puedo verlo a través de las relaciones kármicas: un joven se entrega a sus padres. El padre ama a su hijo pero odia con toda su alma lo que éste es. El hijo tiene que elegir entre ser quien es o quien el padre quiere que sea. Después está la madre, que puede separar o unir a esa familia. Yo tengo que ser ella. Puedo ayudar o destruir. Ésta es la prueba final de un alma. Naceré en una sociedad rígida, tradicional e intolerante. Creceré como una mujer en esa sociedad. Mi lectura será la Biblia, con sus pecados y prohibiciones. Entonces, me voy a casar con un hombre que rezará con fervor y creerá píamente en la Biblia. Con mucha sumisión le daré un hijo. Entonces, empezará la disputa.

Sus guías quedaron satisfechos.

—Pide permiso para el paso que escogiste, Borunda Ni. Si se te concede, solicita la gracia del creador para que te acompañe. Como siempre, nosotros estaremos contigo. Seremos las voces que escucharás dentro de tu alma. Serán tu fuerza y tu fe.

Obtuvo el permiso y Borunda Ni dejó de existir. Se convirtió en un espíritu en espera, a la espera de nacer de nuevo. Nacer del agua y del espíritu.

Ernst y Clara
Ernst y Clara

Ernst continuó el relato de lo acontecido en el bosque, en su jornada con Kim Songh.

—Ella tomó las riendas de la situación, después de mi esfuerzo infructuoso por encontrar la salida por entre aquellos árboles infernales. Ella creía que era más importante entender por qué estábamos en aquel bosque, que buscar la salida. Estaba molesto, pues no podía admitir que una mujer humilde tuviera razón. Pero en el fondo, sabía que así era.

En el bosque, Kim Songh condujo a Ernst en dirección a un conglomerado de árboles, semejantes a cualquiera de los que ya habían visto. Ernst me confesó que estaba harto de todo: de los árboles y de la luz incesante que brillaba entre sus copas.

—Vamos a descansar —dijo Kim Songh.

—Maldita sea, te escuché. Hemos caminado en medio de estos árboles, y ahora resulta que te quieres sentar y descansar. Nada tiene sentido. Caminar de un árbol a otro, luego sentarnos a descansar y después andar otra vez. Mujer, creo que estás loca.

Kim Songh sonrió y respondió a la cólera de Ernst:

—Ya lo intentamos a tu manera, corriendo de un lado para otro. Pero no existe la salida ni tampoco nos compete a nosotros decidir cuándo vamos a dejar este lugar. ¿Todavía no lo entiendes? Por favor, trata de recordar el trato que hicimos.

Ernst estaba cansado, frustrado y rabioso. Sabía que había perdido el control de la situación y se odiaba por eso. Pero como no tenía respuestas, lo mejor era desistir.

—Está bien, mujer, no existe salida. Dime entonces, por favor: ¿has descubierto finalmente por qué estamos aquí y por qué he sido condenado a pasar la eternidad contigo? Si sabes el motivo, dímelo. Hasta ahora, todo lo que dices son enigmas. Es hora de que empieces a responder.

Kim Songh asintió y sonrió. Finalmente, lo hizo:

—Miedo. Estamos aquí a causa de nuestros miedos. Eso lo trajimos con nosotros. Tú te quitaste la vida por miedo. Temiste la venganza de tus víctimas. Yo también acabé con mi vida por miedo. Tenía miedo de vivir, estaba cansada de la violencia, la guerra, la soledad y la desesperación. Por lo tanto, desistí. Los dos desistimos, y es por eso por lo que estamos juntos aquí, en este bosque.

Ahora Ernst, por primera vez, la escuchaba sin pestañear.

—Continúa —fue todo lo que dijo.

—En la Tierra, los dos vivimos en lugares y épocas distintas. Éramos personas diferentes. Yo, débil y servil. Tú, fuerte y poderoso. Si hubiera vivido en el tiempo y en el lugar en el que tú viviste, bien podría haber sido una de tus víctimas. Pero nada de eso importa ahora. Estamos aquí a causa de nuestros miedos. Miedo a la justicia, o miedo a vivir, al final todo es la misma cosa. Las almas de la Tierra se pueden quedar paralizadas por el miedo: miedo a perder un empleo, una vida, a una persona querida o una fortuna material. El miedo puede bloquear la evolución de un alma, porque nos conduce a elecciones equivocadas.

Ernst reconoció que Kim Songh tenía razón, y aclaró:

—La única cosa que realmente teníamos en común eran nuestros miedos. Lo pensé mientras estábamos sentados bajo la sombra de los árboles. A causa del miedo aprendí a odiar, y a través del miedo regí la vida de millones. A causa del miedo extorsioné a mis amigos y destruí a los enemigos. Construí un imperio con mis miedos, y con los miedos de aquellos que me rodeaban. Y allí estaba en ese bosque, con miedo de que no hubiera una salida.

El tic-tac del metrónomo del tiempo se paró en el bosque. No había ningún sonido, ninguna brisa, sólo la luz a través de las copas de aquellos árboles inconmensurables.

—Kim Songh —dijo Ernst suavemente—, ¿te puedo hacer una pregunta? La respuesta es muy importante.

Él esperó a que aceptara y entonces, con gran aprehensión, le preguntó sobre sus sentimientos respecto a los soldados estadounidenses que destruyeron su aldea, que mataron a su madre y que la violaron.

— ¿Qué les harías si estuvieran ahora aquí, delante tuyo? ¿Tendrías miedo, te vengarías o los maldecirías? Sobre todo, ¿les tienes odio?

Lo miró por algún tiempo antes de responder.

—Lo primero es que ya no tengo miedo, Ernst. No tengo miedo. Los soldados ya no me pueden causar daño. ¿Si los odio? No. No tengo motivos para eso. Ellos son responsables de sus actos, así como nosotros lo somos por los nuestros. Pienso que lo hicieron porque también tenían miedo. Decidí dejar el odio y el miedo atrás. No quiero cargar con los pesados fardos de aquellas vibraciones. Ernst, el odio se transforma en miedo, igual que el miedo se transforma en odio. Tú tuviste miedo y, por lo tanto, odiaste. Odiaste y, así, tuviste miedo. Es tiempo de que los dos aprendamos que el miedo divide, confunde y perjudica a nuestro espíritu.

Kim Songh esperó su reacción. No hubo ninguna.

—Ahora, ¿puedo hacerte yo una pregunta, Ernst?

Dudó antes de responder, pero después dijo:

—Creo que sé lo que vas a preguntar, pero adelante.

—Si alguna de tus víctimas estuviera aquí, delante de ti, ¿qué le dirías? ¿Qué dirías a uno de esos esqueletos de piel y hueso de uno de tus campos de concentración?

Ernst me dijo que desde hacía tiempo pensaba en el asunto, mucho antes de que Kim Songh le hiciera la pregunta.

—No lo sé. Un tiempo atrás habría intentado justificar mis actos. Me acuerdo que, poco después de pasar a este lado, perdí mucho tiempo haciéndolo. Ahora no sabría qué hacer. Pedir simplemente disculpas no tendría sentido. Hice lo que hice porque hice lo que hice; con lentitud aprendo que debo reflexionar por las decisiones ya tomadas. Quería ser parte de esa luz que brilla constantemente, pero sé que todavía no estoy preparado. Por el momento, sólo siento el hormigueo de sus rayos cuando calientan la frialdad de mi alma. Tengo que encontrar mi camino. Siento que precisamos de ayuda para hallar la salida de esta pesadilla en que se ha convertido este bosque solitario e interminable.

Ernst estaba consciente de que había llegado la hora de hacer frente a su pasado. Él nunca podría ser parte de esa luz, si no lo enfrentaba. Sabía que las elecciones que había hecho en Alemania causaron incontables sufrimientos, dolor y muerte. Se sabía el causante y que debía asumir las consecuencias.

En ese instante, Ernst fue testigo de una tremenda transformación de Kim Songh. A través de ella brotó un arco iris y surgió un caleidoscopio sincronizado de blancos, azules, rojos, verdes, dorados y violetas, como Ernst nunca había visto. A través de ese remolino de colores, pudo verla sonreír hasta que finalmente fue envuelta por aquella espiral de colores. La mujer asiática, pasiva, humilde y sumisa se fue. En su lugar surgió una nueva entidad, con una energía fuerte y vibrante que envolvió a Ernst con su luz.

—¿Qué es esto? ¿Qué ha pasado con Kim Songh? —preguntó el ex nazi, asustado.

—Todavía soy ella. Kim Songh fue un personaje que adopté para poder llegar a ti. Soy tu guía, profesor, ángel y, sobre todo, amigo. Siempre estaré contigo.

Las lágrimas escurrieron por aquella cara que antes era orgullosa y arrogante. Sus ojos, casi cegados por la luz, intentaban entrever a la nueva entidad.

—¿Cómo te llamas?

—Mi nombre no importa. Me conociste como Kim Songh y me puedes seguir llamando así, o puedes hacerlo de la manera que quieras. Es lo mismo. ¿Qué tal si me llamas con el nombre de una de mis muchas vidas en la Tierra? Por ejemplo, el que más me gustaba. Clara.

El metrónomo había hecho tic-tac muchas veces cuando Ernst me contó esta historia. Todavía no estaba preparado para otra encarnación.

Si no se hubiera suicidado, habría encarado a sus víctimas. El juicio consecuente mostraría las consecuencias de la tiranía, la inmoralidad del poder, del vicio y del odio. Las almas terrenales necesitan ejemplos, la Tierra necesita de límites en el camino. Ernst se negó la oportunidad de ver en la Tierra al mal al disfrazarse con piel de cordero.

De permanecer en la Tierra y enfrentar su condena, no habría cargado con el miedo del castigo. Una vez superado el miedo, sólo quedaría responder por sus actos. En este lado no hay castigo, pero sí están las consecuencias de nuestros actos. Ernst cargó con el miedo en su vibración.

Pero, de cualquier manera, Ernst me contó lo que pasó cuando Clara abandonó el "bosque".

Ella le explicó que estaría allí, con él, pero que le había llegado el momento de dejarlo. Y concluyó:

—Necesitas responder a tus propias preguntas, Ernst. Estaré siempre cerca, pero ya posees una dosis suficiente de perspicacia y conciencia para mirar dentro de ti.

Ernst le imploró que se quedara. Tenía miedo.

Su luz brilló todavía más cuando Clara, con su voz suave y reconfortante, lo inundó por entero.

—Esto es lo que soy, Ernst. Esto es lo que todos nosotros somos, incluso tú. Somos espíritus, una parte del todo. Así eran también aquellos a los que temiste y odiaste. Todos somos iguales. Quédate aquí y abandona tus odios y miedos. Es el momento de irme, pero estaré siempre aquí. No puedo irme mucho más allá hasta que tú también vayas. Todos somos parte del creador, y las partes no se juntarán al todo hasta que el cien por ciento esté listo. Tú y yo, tus víctimas, ángeles, demonios, conquistadores y conquistados, ricos, pobres, inteligentes y los menos dotados, todos somos iguales. En una encarnación, podemos ser poderosos; en otra, los oprimidos. El ciclo no acaba nunca; es por eso que somos uno solo e iguales. No lo olvides, Ernst.

Clara se fue, y él se quedó solo.

Entonces, se marchitó. Se sintió completamente vacío. Sólo le quedaban sus miedos, sus recuerdos y su soledad. Pasó un largo tiempo, apartado y solitario, hasta que finalmente, desesperado, llamó al espíritu de Cristo.

Esta vez, él vino, igual que Clara. Cuado Ernst llegó aquí esperaba a un coro de valquirias para saludarlo. Ahora era abrazado por la luz del amor del hijo de un carpintero, y por su ángel de la guarda: una viuda italiana de la ciudad de Jessup, en Pensilvania.

Ernst salió del bosque. Con la lección aprendida, había llegado el momento de curar su alma. Esa cura llevaría tiempo, pero llegaría. Su espíritu necesitaba progresar, entrar en armonía con el todo. Ésa es la verdad y el orden de la vida.

Esto también es válido para las víctimas del holocausto, cuyas almas también necesitan curarse y aprender lo que es el perdón.

El odio, igual que el miedo, no tiene cabida en el nivel más alto de nuestro Universo.

Jeffrey vuelve

Jeffrey vuelve

El tiempo de Jeffrey había terminado. En breve entraría en el útero de su madre terrenal y enseguida nacería.

Mientras la vibración de Jeffrey se ajustaba a la Tierra, su guía lo acompañaba, igual que lo haría a lo largo de toda su estancia en la Tierra. Con voz suave y tranquila, dijo:

—Esta encarnación será de gran sufrimiento e infelicidad. Estás en una misión, y la mayoría de las encarnaciones misioneras implican dolor y sacrificio. Prepárate entonces. El camino que escogiste es largo y difícil. Conoces tus debilidades, igual que tus poderes. Úsalos para iluminar el camino que escogiste. Pide orientación, y el camino te será iluminado.

Jeffrey sonrió. Sabía de lo que hablaba su guía. Jeff era un espíritu con conocimientos y perspicacia. Pero también era débil; desistía fácilmente y lo tentaban el placer, la comodidad y la popularidad

Como si leyera los pensamientos de Jeff, el guía lo reconvino dulcemente:

—Dentro de poco vas a nacer en una familia conservadora y religiosa. Vas a ser un hombre homosexual. Quizá tus padres te rechacen, quizá hasta tú mismo no te aceptes. Será una prueba no sólo para ellos, sino también para ti.

Él sabía que moriría de una enfermedad terrible. El virus iba a destruir, dolorosa e implacablemente, su cuerpo. Pero eso no le importaba. Sabía que el cuerpo de carne era apenas una concha donde vivía el espíritu. Conciente de sus flaquezas, pedía la fuerza necesaría para vencer. Una fuerza que no era para sobrellevar el dolor físico sino para resistir los sufrimientos emocionales.

Conocía su misión: morir a causa de un virus llamado sida. Por medio de su muerte, otorgaría una lección a aquellos que no lo aceptaban; también refrendaría que él no era diferente a ninguna otra persona.

—Tengo el talento para alcanzar mi meta —se dijo a sí mismo—. Gracias a mi vida y a mi muerte, seré una voz que se levantará y tocará a la divinidad que vibra en cada persona.

Jeff sabía que sería uno más de los millones que morirían de sida. Pero también sabía que podía convertirse en una de las pocas personas con la capacidad para llamar la atención del mundo, sobre el verdadero sentido de la vida, gracias a su muerte. Si lo conseguía, su misión estaría cumplida, y habría vencido las debilidades de su fracaso en el pasado.

Todas las piezas del mosaico encajaron en su lugar. Un espíritu que había fracasado en el pasado, por su debilidad, moriría por eso. No porque su homosexualidad fuera un pecado o una abominación a los ojos de Dios, sino porque su muerte formaba parte de un plan divino.

El mosaico estaba ahora completo. Un espíritu avanzado se encarnaría para enseñar a la humanidad una lección de fraternidad. Si los habitantes de la esfera terrenal lograban aprender con él, la humanidad progresaría y su misión quedaría cumplida.

En cuanto el espíritu se ajustó a la vibración de la Tierra, Jeff vio su encarnación delante de él. Al nacer el bebé, sus padres lo llamarían Jeff. Éste se convertiría en niño y, en su momento, en hombre.

Con su muerte, el espíritu regresaría a esta vibración. El plan estaba trazado. Él, por medio de sus elecciones, iba a determinar el resultado. Jeff podría renegar de su homosexualidad para sí mismo y para sus padres. Al hacerlo, privaría a sus padres de la oportunidad de tomar sus propias decisiones y vencer sus prejuicios. Podría elegir no hacer pública su enfermedad, negando así su testimonio a millones de almas terrenales, que de otro modo tendrían la oportunidad de evolucionar. Podría divulgarlo, y dramatizar su vida, influyendo con su acción a millones de almas, o morir de manera lenta y anónima.

Ahora, instantes antes de que su alma se deslizara dentro del embrión que se estaba formando, tenía conocimiento de sus responsabilidades. Su nacimiento en esa familia no sólo tenía como objetivo ponerlo a prueba sino poner a prueba a los demás. Quizá Jeff obligaría a su madre a elegir entre su propia moral, su marido o su querido hijo.

Un duro reto le deparaba a su padre, un hombre intolerante y fanático. ¿Amaría a un hijo que escogió, para sí mismo, una vida sexual que se consideraba depravada?

Sería una prueba para millones de almas. ¿Sus congéneres podrían dejar de lado sus propios odios y prejuicios? ¿Descubrirían a la humanidad como un todo?

En principio, estaba la prueba personal del propio Jeff. Si no resolvía su propia vergüenza, sus debilidades y el rechazo de sí mismo, nada de lo demás sucedería.

La mayor prueba era para él. Tenía que compensar el talento perdido en el pasado. Si no lo conseguía, ni su muerte ni su propio nacimiento tendría razón de ser. Suavemente, se deslizó de esta dimensión a la de ustedes.

Él era Jeff, o al menos lo sería durante los próximos cuarenta y tres años terrenales.

El tic-tac del metrónomo continúa en la Tierra, y a través de toda la creación. Día y noche, en cada instante de nuestras vidas, sigue sin perder su golpeteo o su ritmo. El tiempo y el espacio ocupan un lugar secundario en su marcha interminable e incesante. Nuestras vidas continúan, cambian, pero nunca terminan.

Clara se quedó en este lado. Se convirtió en luz, y espera en el portón. En la Tierra nunca recibió amor, tampoco lo brindó. No sabía cómo hacerlo. Aquí, Clara llena ese vacío de su alma y ayuda a Ernst a encontrar su camino, a través del negro vacío que éste padece.

¿Era Ernst un monstruo? Algunos dirán que sí, pero como tú, él es un espíritu. Nosotros, como él, somos parte de una misma creación. El todo no puede ser de nuevo un todo hasta que sus partes se ajusten. Ernst va a encontrar el amor, el perdón, la compasión y la ayuda que necesita; también la sabiduría de su salvación. Mientras su espíritu lo busca, Clara le ayuda. Pero recuérdalo: él es una parte de nosotros igual que nosotros somos una parte de él. Piensa en esto.

Y a Jeff, ¿qué le pasó? ¿Realizó todo lo que había planeado?

Puedo vislumbrar el futuro en la Tierra, les garantizo que sí lo realizó. Pero prefiero que lo juzguen ustedes mismos. Ahora, él está entre ustedes.

¿Borunda? Esa alma gentil alimentará a su hijo y reconfortará a su marido. Los dos hicieron una elección: el amor.

¿Maryanne? ¿Dónde está esa pobre niña del barrio negro? Llegó aquí confundida, perdida y con rabia, llena de preguntas y dudas. De alguna forma, Maryanne eres tú. Ella se transportó a una vibración superior, igual que espero que haya sucedido contigo. ¿Recuerdas que al principio no encontraba ningún sentido a la vida? Ahora ella lo contempla a través de una nueva luz. Tal vez tú eras como ella, cuando empezaste a leer este libro. Te sentías confundido, temeroso y subyugado por tu propia condición. Tal vez intentaste poner orden y darle un sentido a tu vida.

Ahora que terminaste el libro, espero que, como Maryanne, hayas aprendido a enfrentarte a la vida y a prepararte para vencer sus desafíos. Sólo existe un denominador común en la Tierra: ¡la muerte! Pero la muerte no es más que otra vida, llena de posibilidades y nuevas elecciones.

Piensa en esto. Todo el mundo que conoces morirá: tú, tus hijos, tus padres, tus amigos y tus enemigos. Todos. Por lo tanto, no temas la senda de la muerte. Volverás a nacer.

Espero que estas historias te ayuden a recorrer esta senda. Recuérdalo, todas las vidas tienen una razón de ser, especialmente la tuya.

¡Que Dios te bendiga!